청춘영어

발음
기호

다락원

청춘 영어
발음기호

지은이 배진영
펴낸이 정규도
펴낸곳 (주)다락원

초판 1쇄 발행 2022년 5월 18일
초판 2쇄 발행 2023년 3월 2일

편집총괄 허윤영
책임편집 유나래
디자인 유혜영
전산편집 정규옥
이미지 shutterstock

다락원 경기도 파주시 문발로 211
내용문의 (02)736-2031 내선 523
구입문의 (02)736-2031 내선 250~252
Fax (02)732-2037
출판등록 1977년 9월 16일 제406-2008-000007호

값 14,000원

ISBN 978-89-277-0158-3 13740

http://www.darakwon.co.kr

• 다락원 홈페이지를 방문하시면 상세한 출판정보와 함께 동영상
  강좌, MP3 자료 등 다양한 어학 정보를 얻으실 수 있습니다.

청춘영어 발음기호

배진영 지음

다락원

발음기호란?

영어를 공부하다가 처음 보는 단어를 사전에서 찾아보신 경험이 다들 있으실 겁니다. 이 때 영어 단어 옆에 그 단어의 뜻뿐만 아니라 [íntərəstiŋ]처럼 알파벳과 비슷하게 생긴 부호가 있는 것을 보신 적 있으시죠? 이게 바로 발음기호입니다. **발음기호는 영어의 발음을 나타내는 소리를 기호로 나타낸 것입니다.** 발음을 듣지 않고도 단어를 읽을 수 있게 도와주는 기호지요. 사전뿐 아니라 다양한 영어 단어장에서 단어의 발음을 알려줄 때 이 발음기호를 활용하고 있습니다.

발음기호, 왜 배워야 할까?

그렇다면 영어사전과 영어 단어장에는 왜 이런 발음기호를 표기해 놓았을까요? 사실 영어는 글자와 발음이 일치하지 않는 언어입니다. 그래서 철자만 보고는 정확한 발음을 알 수 없습니다. 맨 처음에 영어를 배울 때는 a는 [애], b는 [브], c는 [크], 이런 식으로 알파벳의 음가를 나타내는 파닉스를 배워 간단한 영어 단어를 읽기도 하지만, 파닉스에는 여러 예외 규칙이 존재합니다. 예를 들어 Wednesday(수요일)는 '웨드네스데이'가 아니라 [wénzdei(웬즈데이)]라고 읽고, island(섬)도 '이즈랜드'가 아니라 [áilənd(아일런드)]라고 읽어야 합니다. 둘 다 발음기호를 모른다면 발음을 짐작하기 어려운 단어지요. 이처럼 영어에는 파닉스 규칙에서 벗어난 단어가 매우 많아, **정확하게 발음하기 위해서는 반드시 발음기호를 읽을 줄 알아야 합니다.**

특히 발음기호를 알면 아무리 길고 어려운 단어라도 정확하게 발음할 수 있습니다. 발음기호는 여러분이 올바른 발음을 익히고, 영어 읽기 실력을 높이는 데 보탬이 되는 든든한 지원군이 되어 줄 겁니다.

발음기호, 이렇게 배우자!

이 책에서는 각각의 발음기호가 어떻게 소리 나는지 설명한 후에, 각각의 발음기호를 조합해 단어를 어떻게 발음하는지 알려 줍니다. 특히 영어에 익숙하지 않은 초보 학습자들을 위해 **발음기호 하나하나를 한글로 전환해, 쉽게 영어 발음을 익힐 수 있게 구성했습니다.** 다만 한글로 모든 영어 발음을 정확히 표기하는 것은 힘들기 때문에 원어민 발음 MP3와 동영상 강의를 활용해 정확한 발음을 익힐 수 있도록 했습니다.

각 발음기호의 소리를 익힌 후에는 단어에서 어떻게 적용되는지 확인해 보세요. 여러 가지 단어를 제시하고 있어 발음기호 읽기 연습도 충분히 할 수 있습니다. 처음에는 쉬운 단어부터 시작해서 점점 길고 어려운 단어들도 읽을 수 있도록 구성했으니, 처음부터 하나씩 학습하면 됩니다. 또한 다양한 패턴 문장에 단어를 넣어 연습할 수도 있어서 기초 영어 회화 실력을 쌓는 데 있어 좋은 길잡이가 될 것입니다.

그럼 지금부터 원어민처럼 영어를 쉽고 멋지게 읽을 수 있는 마법의 발음기호를 배우러 출발해 봅시다!

배진영

PART 1&2 발음기호 익히기

총 48개의 발음기호를 배우는 파트입니다. PART 1에서는 '자음' 발음기호를, PART 2에서는 '모음' 발음기호를 학습합니다.

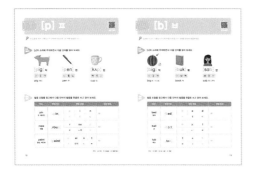

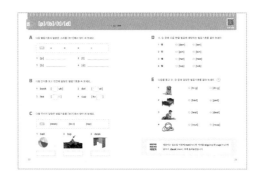

소리 익히기

각 발음기호를 어떻게 읽는지 짧고 쉬운 단어를 통해 익혀 보세요.

연습하기

주어진 발음조합을 활용해 단어의 발음을 쓰고 직접 읽어 봅니다.

확인하기

발음기호 4개를 배운 다음에는, 문제를 풀면서 학습한 내용을 다시 한 번 복습합니다.

PART 3

주제별 영단어 발음기호 읽기

생활 속에서 많이 접하는 단어를 24개 주제로 묶어 발음기호와 함께 제시했습니다. 단어뿐 아니라 단어가 들어간 핵심 패턴 문장도 발음기호를 보면서 읽는 연습을 해 보세요.

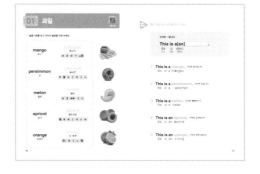

긴 단어 발음기호 읽기

앞서 배운 발음기호를 활용해 긴 단어를
읽는 연습을 해 봅니다. 긴 단어일수록 발
음기호를 모르면 읽기 힘듭니다. 알파벳
순으로 제시한 긴 단어를 발음기호를 활용
해 읽어 보세요.

학습을 도와주는 부가자료 활용하기

❶ 정확한 발음을 알려 주는 원어민 발음 MP3

MP3를 듣고 원어민의 발음을 따라 읽으세요. 이 과정을 반복하다 보면 정확한 발
음을 자연스럽게 익힐 수 있습니다. 페이지 위쪽에 있는 QR코드를 찍으면 바로
발음을 들어 볼 수 있어서 편리합니다.

❷ 저자가 직접 알려 주는 친절한 동영상 강의

어려운 발음기호, 저자 선생님이 영상으로 한 번에 정리해 드립니다! 저자 선생님
의 친절한 설명을 함께 들으며 공부해 보세요. 한국어에는 없는 발음이라 한글로
표기하기 어려운 발음도 강의에서 쉽게 풀어 설명했습니다. 유튜브에서 '청춘영어
발음기호'를 검색하셔도 됩니다.

❸ 복습까지 완벽하게 책임지는 기초단어장

다락원 홈페이지(www.darakwon.co.kr)에서 기초단어장을 다운받으세요. 책에
나오지 않는 기초 단어를 발음기호와 함께 꼼꼼하게 정리했습니다. 단어 뜻도 함
께 익힐 수 있어서 기초 영어 실력 향상에도 도움이 됩니다.

차례

한눈에 보는 알파벳의 소리

자음

자음은 '목구멍에서 나온 소리가 혀나 혀뿌리, 입술, 치아 같은 조음기관에 막혀서 나는 소리'입니다. 우리말의 ㄱ, ㄴ, ㄷ, ㄹ이 자음에 해당하지요. 영어 알파벳 중에서는 a, e, i, o, u를 제외한 21개가 모두 자음입니다.

글자	Bb 비:	Cc 씨:	Dd 디:	Ff 에프	Gg 쥐:	Hh 에이취	Jj 쥐이
대표 소리	[b] ㅂ	[k] ㅋ [s] ㅆ·ㅅ	[d] ㄷ	[f] ㅍ	[g] ㄱ [dʒ] 쥐	[h] ㅎ	[dʒ] 쥐
글자	Kk 케이	Ll 엘	Mm 엠	Nn 엔	Pp 피:	Qq 큐:	Rr 아: 알
대표 소리	[k] ㅋ	[l] (을)ㄹ	[m] ㅁ	[n] ㄴ	[p] ㅍ	[kw] ㅋ우	[r] ㄹ
글자	Ss 에스	Tt 티:	Vv 뷔:	Ww 더블유:	Xx 엑스	Yy 와이	Zz 지:
대표 소리	[s] ㅆ·ㅅ [z] ㅈ	[t] ㅌ	[v] ㅂ	[w] 우	[ks] ㅋㅅ [gz] ㄱㅈ	[j] 이 [i] 이 [ai] 아이	[z] ㅈ

영어 알파벳은 모두 26글자로 이루어져 있습니다.
아래 표를 보면서 각 알파벳의 형태와 소리를 확인해 보세요.

발음 001

모음

모음은 '목구멍에서 나온 소리가 아무런 걸림 없이 나오는 소리'를 말합니다. 영어 알파벳에서 모음은 a, e, i, o, u, 이렇게 5개에 불과합니다. 자음보다 수는 적지만 굉장히 다양한 소리를 냅니다.

글자	Aa 에이	Ee 이:	Ii 아이	Oo 오우	Uu 유:
대표 소리	[æ] 애 [ei] 에이	[e] 에 [i:] 이:	[i] 이 [ai] 아이	[ɑ] 아 [ou] 오우	[ʌ] 어 [u:] 우: [ju:] 유:

★ 알파벳은 대문자와 소문자 형태로 나눌 수 있습니다. 대문자는 문장 첫 글자, 사람과 나라 이름의 첫 글자 등으로 사용되며, 소문자는 일반적으로 사용되는 형태입니다.

★ 알파벳 w와 y는 자음에 들어 있지만, 실은 자음과 모음 소리를 모두 가지고 있습니다. 그래서 반은 자음이고, 반은 모음이란 뜻에서 '반자음' 또는 '반모음'이라고 부르기도 합니다.

한눈에 보는 발음기호

자음

자음 소리를 나타내는 발음기호는 총 24개입니다. 편의상 쉽게 한글로 소리를 표기했지만, 우리말과는 발음 방법이 다른 소리도 많이 있습니다. 원어민 발음을 들으면서 정확한 발음을 익혀 보세요.

발음 기호	[p]	[b]	[t]	[d]	[k]	[g]
소리	ㅍ	ㅂ	ㅌ	ㄷ	ㅋ	ㄱ
발음 기호	[f]	[v]	[θ]	[ð]	[tʃ]	[dʒ]
소리	ㅍ	ㅂ	ㄸ	ㄷ	취	쥐
발음 기호	[ʃ]	[ʒ]	[s]	[z]	[l]	[r]
소리	쉬	쥐	ㅆ·ㅅ	ㅈ	(을)ㄹ	ㄹ
발음 기호	[m]	[n]	[ŋ]	[h]	[w]	[j]
소리	ㅁ	ㄴ	ㅇ	ㅎ	우	이

★ [f]와 [v]는 윗니로 아랫입술을 물고 내는 소리입니다.

★ [θ]와 [ð]는 이 사이로 혀끝을 살짝 빼고 내는 소리입니다.

★ [ŋ]은 받침소리로 '응'처럼 소리 냅니다.

★ [w]와 [j]는 각각 '우'와 '이'라서 모음처럼 생각하기 쉽지만, 영어에서는 자음 소리로 취급합니다.

발음기호는 '발음을 나타내는 소리를 기호로 만든 것'입니다.
정확한 소리는 뒤에서 자세하게 배우니까 여기서는 간단한 형태만 확인해 보세요.

발음 002

모음

모음 소리를 나타내는 발음기호는 분류하는 방법에 따라 개수가 다양하고, 사전에 따라 모양도 조금씩 다릅니다. 이 책에서는 영어 교재와 사전에서 일반적으로 가장 많이 쓰는 것 위주로 정리했습니다. [r]은 모음 뒤에 오면 발음이 조금 달라지므로 여기에 함께 정리했습니다.

발음기호	[i]	[iː]	[u]	[uː]	[ɑ]	[e]
소리	이	이:	우	우:	아	에
발음기호	[æ]	[ɔː]	[ʌ]	[ə]	[ai]	[au]
소리	애	오:	어	어	아이	아우
발음기호	[ei]	[ou]	[ɔi]	[ɑːr]	[əːr]	[ər]
소리	에이	오우	오이	아:알	어:얼	얼
발음기호	[ɔːr]	[ɛər]	[iər]	[uər]	[aiər]	[auər]
소리	오:얼	에얼	이얼	우얼	아이얼	아우얼

★ [ai], [au], [ei], [ou], [ɔi]는 이중모음으로, 하나의 소리처럼 부드럽게 이어서 발음합니다.

★ 사전에 따라 [i]는 [ɪ], [u]는 [ʊ], [ɑ]는 [a]처럼 모양이 조금씩 다른 경우가 있습니다. [əːr]을 [ɜːr]로 표기하거나 [ɛər], [iər], [uər] 대신 [er], [ɪr], [ʊr]이라고 표기한 사전도 많습니다.

영어 발음기호 읽는 법

❶ 자음과 모음 소리를 조합해서 읽으세요.

'ㄱ'과 'ㅏ'가 만나면 '가'가 되듯, 발음기호 역시 [g:ㄱ]와 [ɑ:ㅏ]가 만나면 [가] 소리가 됩니다. 이 중모음의 경우에는 'ㅏ우, ㅔ이, ㅗ이'처럼 표시했으니 앞에 나온 자음 소리와 합쳐서 읽으세요.

[hæm]	ㅎ + ㅐ + ㅁ	→ 햄
[sei]	ㅆ + ㅔ이	→ 쎄이

❷ 끝에 오는 자음은 강하게 소리 내지 말고 받침처럼 읽으세요.

영어에는 '으' 소리가 없습니다. 따라서 모음 뒤에 오는 자음은 '으' 소리를 세게 내지 말고 받침처럼 읽으면 됩니다. 그래서 [네트]가 아니라 [넽], [라이크]가 아니라 [라잌]처럼 발음합니다. [tʃ:취], [dʒ:쥐], [s:ㅅ], [z:ㅈ]처럼 받침으로 발음하기 힘든 소리는 뒤에 약하게 덧붙인다는 느낌으로 읽으세요.

[net]	ㄴ + ㅔ + ㅌ	→ 넽
[tʌtʃ]	ㅌ + ㅓ + 취	→ 터취

❸ 장음(:) 표시는 길게 발음하세요

길게 읽어야 하는 장음은 한글 모음 뒤에도 :를 붙여 표시했습니다. 장음 뒤에 자음 소리가 올 때는, 모음 소리를 길게 낸 후에 자음 소리를 넣어서 읽으세요.

[ri:d]	ㄹ + ㅣ: + ㄷ	→ 리:드
[mu:n]	ㅁ + ㅜ: + ㄴ	→ 무:운

이 책에서는 발음기호를 한글 소리로 바꿔서, 쉽게 발음기호를 읽는 법을 알려 줍니다. 각각의 발음기호를 어떻게 조합해서 읽는지 기본적인 방법을 알아봅시다.

발음 003

❹ 모음 뒤의 [r] 발음은 묶어서 읽으세요.

앞에 오는 [r]은 혀를 굴려서 한국어의 ㄹ처럼 발음하지만, 모음 뒤에 [r]이 오면 소리가 조금 달라지기 때문에 신경 써서 발음해야 합니다. 모음과 [r]의 발음은 한 덩어리처럼 함께 발음하세요.

[rívər]	ㄹ+ㅣ+ㅂ+얼	→ 리벌
[kɑːr]	ㅋ+ㅏː+알	→ 카ː알

❺ 강세를 지켜서 읽으세요.

영어에는 한 단어에 모음 소리가 두 개 이상 들어있는 경우, 강하게 읽어야 하는 부분이 있습니다. 이를 '강세'라고 하죠. 모음 위에 ′ 표시가 있는 부분을 가장 강하고 힘있게 읽습니다. ‵는 그 다음으로 강하게 읽으라는 표시입니다.

[hǽpi]	해피
[téləfòun]	텔러포운

1강세 2강세

★ 정확한 발음은 MP3를 듣고 확인하세요!
영어에는 한국어에 없는 발음도 많기 때문에 한글로 영어 소리를 표기하는 것은 한계가 있습니다. 책을 보고 각 발음기호가 어떤 소리를 내는지 익힌 다음에는, 꼭 MP3를 들으면서 원어민의 정확한 발음을 확인하세요.

친절한 발음기호
영상 강의를 보면서
공부하세요.

PART 1

자음
발음기호

01 [p] ㅍ

발음 004

🔍 양 입술을 세게 다물었다가 단번에 터트리듯 [프]처럼 발음합니다.

소리 익히기 ▷ [p]의 소리에 주의하면서 다음 단어를 읽어 보세요.

[piɡ] 픽

| ㅍ | ㅣ | ㄱ |

pig 돼지

[pen] 펜

| ㅍ | ㅔ | ㄴ |

pen 펜

[kʌp] 컾

| ㅋ | ㅓ | ㅍ |

cup 컵

연습 하기 ▷ 발음 조합을 참고해서 다음 단어의 발음을 한글로 쓰고 읽어 보세요.

단어	발음기호	발음 조합				한글 발음
pin 핀, 헤어핀	[pin]	p ㅍ	i ㅣ	n ㄴ		❶
rope 밧줄	[roup]	r ㄹ	ou ㅗ우	p ㅍ		❷
paint 물감, 페인트	[peint]	p ㅍ	ei ㅔ이	n ㄴ	t ㅌ	❸

정답 ❶ [핀] ❷ [로웊] ❸ [페인트]

[b] ㅂ

🔍 입술을 지그시 다물었다가 [브]처럼 터트립니다. 성대를 울리며 발음하세요.

소리 익히기 ▶ [b]의 소리에 주의하면서 다음 단어를 읽어 보세요.

[big] 빅

ㅂ ㅣ ㄱ

big 큰, 커다란

[buk] 북

ㅂ ㅜ ㅋ

book 책

[sɑb] 쌉

ㅆ ㅏ ㅂ

sob 흐느끼다

연습 하기 ▶ 발음 조합을 참고해서 다음 단어의 발음을 한글로 쓰고 읽어 보세요.

단어	발음기호	발음 조합			한글 발음
bed 침대	[bed]	b ㅂ	e ㅔ	d ㄷ	❶
ball 공	[bɔːl]	b ㅂ	ɔː ㅗː	l ㄹ	❷
tub 욕조	[tʌb]	t ㅌ	ʌ ㅓ	b ㅂ	❸

정답 ❶ [벧] ❷ [보ː올] ❸ [텁]

19

🔍 우리말 '트' 발음과 비슷합니다. 혀끝을 입천장에 붙였다 떼면서 [트]처럼 공기를 내보내며 발음합니다.

소리 익히기 ▶ [t]의 소리에 주의하면서 다음 단어를 읽어 보세요.

[tiː] 티ː

ㅌ ㅣː

tea 차, 홍차

[ten] 텐

ㅌ ㅔ ㄴ

ten 열, 10

[hɑt] 핱

ㅎ ㅏ ㅌ

hot 더운, 뜨거운

연습 하기 ▶ 발음 조합을 참고해서 다음 단어의 발음을 한글로 쓰고 읽어 보세요.

단어	발음기호	발음 조합			한글 발음
top 꼭대기, 정상	[tɑp]	t ㅌ	ɑ ㅏ	p ㅍ	❶
talk 이야기하다	[tɔːk]	t ㅌ	ɔː ㅗː	k ㅋ	❷
test 시험, 검사	[test]	t ㅌ	e ㅔ	s t ㅅ ㅌ	❸

04 [d] ㄷ

🔍 우리말 '드' 발음과 비슷한데, 혀끝이 윗니에 닿지 않게 주의하면서 [드]처럼 성대를 울리며 발음합니다.

소리
익히기 ▶ [d]의 소리에 주의하면서 다음 단어를 읽어 보세요.

[dɔːg] 도ː그
ㄷ ㅗ ㄱ
dog 개

[dig] 딕
ㄷ ㅣ ㄱ
dig (구멍을) 파다

[dæd] 댇
ㄷ ㅐ ㄷ
dad 아빠

연습
하기 ▶ 발음 조합을 참고해서 다음 단어의 발음을 한글로 쓰고 읽어 보세요.

단어	발음기호	발음 조합				한글 발음
dot 점, 점을 찍다	[dɑt]	d ㄷ	ɑ ㅏ	t ㅌ		❶
head 머리	[hed]	h ㅎ	e ㅔ	d ㄷ		❷
desk 책상	[desk]	d ㄷ	e ㅔ	s ㅅ	k ㅋ	❸

정답 ❶ [닽] ❷ [헫] ❸ [데스크]

A 다음 발음기호의 알맞은 소리를 [보기]에서 찾아 써 보세요.

보기	ㅂ	ㅌ	ㅍ	ㄷ

1 [p] _____   **2** [t] _____

3 [b] _____   **4** [d] _____

B 다음 단어를 보고 빈칸에 알맞은 발음기호를 써 보세요.

1 book   [⬚ uk]   **2** dot   [⬚ ɑt]

3 tea   [⬚ iː]   **4** cup   [kʌ ⬚]

C 다음 단어의 알맞은 발음기호를 [보기]에서 찾아 써 보세요.

보기	[desk]	[bɔːl]	[tɑp]

1 ball   **2** top   **3** desk

_____   _____   _____

D ⓐ, ⓑ 중에 다음 한글 발음에 해당하는 발음기호를 골라 보세요.

1 텐   ⓐ [den]   ⓑ [ten]

2 핀   ⓐ [pin]   ⓑ [bin]

3 헫   ⓐ [het]   ⓑ [hed]

4 텁   ⓐ [tʌp]   ⓑ [tʌb]

E 다음을 듣고 ⓐ, ⓑ 중에 알맞은 발음기호를 골라 보세요.

1   ⓐ [tɔːg]   ⓑ [dɔːg]

2   ⓐ [bed]   ⓑ [ped]

3    ⓐ [test]   ⓑ [dest]

4   ⓐ [rout]   ⓑ [roup]

이야기로 발음기호 익히기   영웅이는 일요일 아침에 **hot** [hat]한 커피를 **big** [big]한 **cup** [kʌp]에 담아서, **desk** [desk] 위에 올려놓았습니다.

발음 009

🔍 목구멍 입구 쪽을 혀뿌리로 막았다 떼며 내는 소리로, 목 안쪽에서 공기를 내보내며 [크]처럼 발음합니다.

소리 익히기

[k]의 소리에 주의하면서 다음 단어를 읽어 보세요.

[kid] 킫

| ㅋ | ㅣ | ㄷ |

kid 아이, 어린이

[kæp] 캪

| ㅋ | ㅐ | ㅍ |

cap 야구 모자

[kuk] 쿸

| ㅋ | ㅜ | ㅋ |

cook 요리하다, 요리사

연습 하기

발음 조합을 참고해서 다음 단어의 발음을 한글로 쓰고 읽어 보세요.

단어	발음기호	발음 조합			한글 발음
kite 연	[kait]	k ㅋ	ai ㅏ이	t ㅌ	❶
kick (발로) 차다	[kik]	k ㅋ	i ㅣ	k ㅋ	❷
coat 코트, 외투	[kout]	k ㅋ	ou ㅗ우	t ㅌ	❸

정답 ❶ [카잍] ❷ [킼] ❸ [코울]

06 [g] ㄱ

발음 010

우리말 '그'와 소리가 비슷한데, 더 깊게 혀뿌리로 목구멍 쪽을 막았다 떼면서 [그]처럼 발음합니다.

소리 익히기 [g]의 소리에 주의하면서 다음 단어를 읽어 보세요.

[gout] 고울

ㄱ ㅗ우 ㅌ

goat 염소

[gæs] 개스

ㄱ ㅐ ㅅ

gas 가스, 휘발유

[eg] 엑

에 ㄱ

egg 달걀

연습 하기 발음 조합을 참고해서 다음 단어의 발음을 한글로 쓰고 읽어 보세요.

단어	발음기호	발음 조합				한글 발음
game 게임, 경기	[geim]	g	ei	m		❶
		ㄱ	ㅔ이	ㅁ		
bag 가방	[bæg]	b	æ	g		❷
		ㅂ	ㅐ	ㄱ		
gift 선물	[gift]	g	i	f	t	❸
		ㄱ	ㅣ	ㅍ	ㅌ	

정답 ❶ [게임] ❷ [백] ❸ [기프트]

 **[f] ㅍ**

발음 011

🔍 우리말 '프' 소리와 비슷한데, 두 입술을 붙이는 대신 윗니를 아랫입술에 붙인 후 바람을 밀어내며 [프]처럼 발음합니다.

소리 익히기 ▶ [f]의 소리에 주의하면서 다음 단어를 읽어 보세요.

[fin] 핀

ㅍ ㅣ ㄴ

fin 지느러미

[fɔːl] 포ː올

ㅍ ㅗː ㄹ

fall 가을, 떨어지다

[naif] 나잎

ㄴ ㅏ이 ㅍ

knife 칼

연습 하기 ▶ 발음 조합을 참고해서 다음 단어의 발음을 한글로 쓰고 읽어 보세요.

단어	발음기호	발음 조합			한글 발음
food 음식	[fuːd]	f ㅍ	uː ㅜː	d ㄷ	❶
phone 전화	[foun]	f ㅍ	ou ㅗ우	n ㄴ	❷
beef 소고기	[biːf]	b ㅂ	iː ㅣː	f ㅍ	❸

정답 ❶ [푸ː드] ❷ [포운] ❸ [비ː프]

08 [v] ㅂ

발음 012

🔍 우리말 '브' 소리와 비슷한데, 토끼 이빨을 흉내 내듯 윗니를 아랫입술에 붙인 후 성대를 울리며 [브]처럼 발음합니다.

 소리 익히기 ▶ [v]의 소리에 주의하면서 다음 단어를 읽어 보세요.

[vet] 벹

ㅂ	ㅔ	ㅌ

vet 수의사

[væn] 밴

ㅂ	ㅐ	ㄴ

van 밴, 승합차

[keiv] 케입

ㅋ	ㅔ이	ㅂ

cave 동굴

연습 하기 ▶ 발음 조합을 참고해서 다음 단어의 발음을 한글로 쓰고 읽어 보세요.

단어	발음기호	발음 조합			한글 발음
vine 포도나무	[vain]	v / ㅂ	ai / ㅏ이	n / ㄴ	❶
voice 목소리	[vɔis]	v / ㅂ	ɔi / ㅗ이	s / ㅅ	❷
give 주다	[giv]	g / ㄱ	i / ㅣ	v / ㅂ	❸

정답 ❶ [바인] ❷ [보이스] ❸ [깁]

A 다음 발음기호의 알맞은 소리를 [보기]에서 찾아 써 보세요.

보기 ㅂ   ㅋ   ㄱ   ㅍ

1 [f] _____   2 [k] _____

3 [v] _____   4 [g] _____

B 다음 단어를 보고 빈칸에 알맞은 발음기호를 써 보세요.

1 kid   [⬚ id]   2 beef   [biː ⬚]

3 voice   [⬚ ɔis]   4 egg   [e ⬚]

C 다음 단어의 알맞은 발음기호를 [보기]에서 찾아 써 보세요.

보기   [kout]   [foun]   [gift]

1 phone   2 gift   3 coat

_____   _____   _____

D ⓐ, ⓑ 중에 다음 한글 발음에 해당하는 발음기호를 골라 보세요.

1 핀   ⓐ [fin]   ⓑ [vin]

2 킥   ⓐ [kik]   ⓑ [gig]

3 벹   ⓐ [fet]   ⓑ [vet]

4 고웉   ⓐ [kout]   ⓑ [gout]

E 다음을 듣고 ⓐ, ⓑ 중에 알맞은 발음기호를 골라 보세요.

1   ⓐ [bæg]   ⓑ [bæk]

2   ⓐ [vuːd]   ⓑ [fuːd]

3   ⓐ [gif]   ⓑ [giv]

4   ⓐ [kait]   ⓑ [gait]

이야기로 발음기호 익히기   귀여운 **kid** [kid]가 **van** [væn] 안에서 **food** [fuːd]를 먹으면서 스마트 폰으로 **game** [geim]을 즐기고 있습니다.

09 [s] ㅆ·ㅅ

발음 014

공기가 새는 듯한 느낌으로 혀와 입천장 사이로 공기를 내보내며 [스/쓰]처럼 발음합니다. 뒤에 모음 소리가 오면 ㅆ에 가깝게 소리 납니다.

소리 익히기

[s]의 소리에 주의하면서 다음 단어를 읽어 보세요.

[sʌn] 썬

| ㅆ | ㅓ | ㄴ |

sun 태양, 해

[sit] 씯

| ㅆ | ㅣ | ㅌ |

sit 앉다

[guːs] 구ː스

| ㄱ | ㅜː | ㅅ |

goose 거위

연습 하기

발음 조합을 참고해서 다음 단어의 발음을 한글로 쓰고 읽어 보세요.

단어	발음기호	발음 조합			한글 발음
sale 판매, 세일	[seil]	s ㅆ	ei ㅔ이	l ㄹ	❶
sick 아픈	[sik]	s ㅆ	i ㅣ	k ㅋ	❷
face 얼굴	[feis]	f ㅍ	ei ㅔ이	s ㅅ	❸

정답 ❶ [쎄일] ❷ [씩] ❸ [페이스]

30

10 [z] ㅈ

🔍 우리말 '즈'보다 혀끝이 간질간질할 정도로 성대를 울리며 [즈]처럼 발음합니다.

소리 익히기 ▶ [z]의 소리에 주의하면서 다음 단어를 읽어 보세요.

[zuː] 주ː

ㅈ ㅜ

zoo 동물원

[zip] 짚

ㅈ ㅣ ㅍ

zip 지퍼로 잠그다

[nouz] 노우즈

ㄴ ㅗ우 ㅈ

nose 코

연습 하기 ▶ 발음 조합을 참고해서 다음 단어의 발음을 한글로 쓰고 읽어 보세요.

단어	발음기호	발음 조합			한글 발음
zone 지역, 지대	[zoun]	z ㅈ	ou ㅗ우	n ㄴ	❶
rise (해가) 뜨다	[raiz]	r ㄹ	ai ㅏ이	z ㅈ	❷
busy 바쁜	[bízi]	b i ㅂ ㅣ	z ㅈ	i ㅣ	❸

정답 ❶ [조운] ❷ [라이즈] ❸ [비지]

31

11 [θ] ㄸ

발음 016

🔍 혀끝을 윗니와 아랫니 사이에 넣고, 짧고 강하게 [뜨]처럼 발음합니다.

소리 익히기 ▶ [θ]의 소리에 주의하면서 다음 단어를 읽어 보세요.

[θin] 띤
ㄸ ㅣ ㄴ
thin 마른, 얇은

[θʌm] 떰
ㄸ ㅓ ㅁ
thumb 엄지손가락

[bæθ] 배뜨
ㅂ ㅐ ㄸ
bath 목욕

연습 하기 ▶ 발음 조합을 참고해서 다음 단어의 발음을 한글로 쓰고 읽어 보세요.

단어	발음기호	발음 조합			한글 발음
three 셋, 3	[θriː]	θ ㄸ	r ㄹ	iː ㅣː	❶
thick 두꺼운	[θik]	θ ㄸ	i ㅣ	k ㅋ	❷
health 건강	[helθ]	h e l θ ㅎ ㅔ ㄹ ㄸ			❸

정답 ❶ [뜨리ː] ❷ [띡] ❸ [헬뜨]

32

🔍 [θ]처럼 혀끝을 윗니와 아랫니 사이에 넣고 소리 냅니다. 성대를 울리며 [드]처럼 발음하세요.

소리 익히기 [ð]의 소리에 주의하면서 다음 단어를 읽어 보세요.

[ðis] 디스

ㄷ ㅣ ㅅ

this 이것, 이

[mʌ́ðər] 머덜

ㅁ ㅓ ㄷ 얼

mother 어머니

[briːð] 브리ː드

ㅂ ㄹ ㅣː ㄷ

breathe 숨쉬다

연습 하기 발음 조합을 참고해서 다음 단어의 발음을 한글로 쓰고 읽어 보세요.

단어	발음기호	발음 조합			한글 발음
they 그들, 그것들	[ðei]	ð ㄷ	ei ㅔ이		❶
that 저것, 저	[ðæt]	ð ㄷ	æ ㅐ	t ㅌ	❷
smooth 매끄러운	[smuːð]	s ㅅ　m ㅁ	uː ㅜː	ð ㄷ	❸

정답 ❶ [데이] ❷ [댙] ❸ [스무ː드]

A 다음 발음기호의 알맞은 소리를 [보기]에서 찾아 써 보세요.

보기   ㄸ   ㅈ   ㅅ·ㅆ   ㄷ

1 [s] _____

2 [z] _____

3 [θ] _____

4 [ð] _____

B 다음 단어를 보고 빈칸에 알맞은 발음기호를 써 보세요.

1 thin   [⬚ in]

2 nose   [nou ⬚]

3 sick   [⬚ ik]

4 that   [⬚ æt]

C 다음 단어의 알맞은 발음기호를 [보기]에서 찾아 써 보세요.

보기   [θik]   [feis]   [bízi]

1 busy   2 face   3 thick

D ⓐ, ⓑ 중에 다음 한글 발음에 해당하는 발음기호를 골라 보세요.

1 떰   ⓐ [ðʌm]   ⓑ [θʌm]

2 구:스   ⓐ [guːs]   ⓑ [guːz]

3 주: ⓐ [zuː]   ⓑ [suː]

4 스무:드   ⓐ [smuːθ]   ⓑ [smuːð]

E 다음을 듣고 ⓐ, ⓑ 중에 알맞은 발음기호를 골라 보세요.

1   ⓐ [zeil]   ⓑ [seil]

2    ⓐ [zoun]   ⓑ [soun]

3   ⓐ [ðei]   ⓑ [θei]

4   ⓐ [sriː]   ⓑ [θriː]

 이야기로 발음기호 익히기

매일 아침 **sun** [sʌn]이 **rise** [raiz]할 때, 나의 **mother** [mʌðər]은 **health** [helθ]를 위해 운동을 합니다.

35

발음 019

'음~' 하고 소리 낼 때처럼, 코로 공기를 내보내면서 [므/음]처럼 발음합니다.

소리 익히기 [m]의 소리에 주의하면서 다음 단어를 읽어 보세요.

[**m**ain] 마인
ㅁ ㅏ이 ㄴ
mine 내 것

[**m**ilk] 밀크
ㅁ ㅣ ㄹ ㅋ
milk 우유

[ti:**m**] 티ː임
ㅌ ㅣː ㅁ
team (스포츠, 업무의) 팀

연습 하기 발음 조합을 참고해서 다음 단어의 발음을 한글로 쓰고 읽어 보세요.

단어	발음기호	발음 조합			한글 발음
mail 우편물	[meil]	m ㅁ	ei ㅔ이	l ㄹ	①
map 지도	[mæp]	m ㅁ	æ ㅐ	p ㅍ	②
room 방	[ru:m]	r ㄹ	u: ㅜː	m ㅁ	③

정답 ① [메일] ② [맵] ③ [루ː움]

36

[n] ㄴ

발음 020

혀끝을 윗니에 닿지 않게 입천장에 붙였다 떼면서 [느/은]처럼 발음합니다.

소리 익히기 ▶ [n]의 소리에 주의하면서 다음 단어를 읽어 보세요.

[næp] 냎	[net] 넽	[koun] 코운
ㄴ ㅐ ㅍ	ㄴ ㅔ ㅌ	ㅋ ㅗ우 ㄴ
nap 낮잠, 낮잠 자다	net 그물	cone 원뿔

연습 하기 ▶ 발음 조합을 참고해서 다음 단어의 발음을 한글로 쓰고 읽어 보세요.

단어	발음기호	발음 조합			한글 발음
nine 아홉, 9	[nain]	n ㄴ	ai ㅏ이	n ㄴ	❶
knock (문을) 두드리다	[nak]	n ㄴ	a ㅏ	k ㅋ	❷
son 아들	[sʌn]	s ㅆ	ʌ ㅓ	n ㄴ	❸

정답 ❶ [나인] ❷ [낙] ❸ [썬]

15 [l] (을)ㄹ

발음 021

🔍 혀끝을 윗니에 붙였다 떼며 [(을)르]처럼 발음합니다. 모음 뒤에 올 때는 [을] 하고 'ㄹ' 받침처럼 소리 냅니다.

소리 익히기 [l]의 소리에 주의하면서 다음 단어를 읽어 보세요.

[luk] (을)룩

| (을)ㄹ | ㅜ | ㅋ |

look 보다

[líli] (을)릴리

| (을)ㄹ | ㅣ | (을)ㄹ | ㅣ |

lily 백합

[houl] 호울

| ㅎ | ㅗ우 | ㄹ |

hole 구멍

연습 하기 발음 조합을 참고해서 다음 단어의 발음을 한글로 쓰고 읽어 보세요.

단어	발음기호	발음 조합			한글 발음
leaf (식물의) 잎	[li:f]	l (을)ㄹ	i: ㅣ:	f ㅍ	❶
like 좋아하다	[laik]	l (을)ㄹ	ai ㅏ이	k ㅋ	❷
mall 쇼핑몰	[mɔ:l]	m ㅁ	ɔ: ㅗ	l ㄹ	❸

정답 ❶ [(을)리:프] ❷ [(을)라익] ❸ [모:올]

16 [r] ㄹ

발음 022

🔍 앞서 배운 [l]와 달리 혀끝을 입천장에 닿지 않게 안쪽으로 말아 [르]처럼 발음합니다.

[r]의 소리에 주의하면서 다음 단어를 읽어 보세요.

[rʌn] 런

| ㄹ | ㅓ | ㄴ |

run 달리다, 뛰다

[riːd] 리ː드

| ㄹ | ㅣː | ㄷ |

read 읽다

[rouz] 로우즈

| ㄹ | ㅗ우 | ㅈ |

rose 장미

발음 조합을 참고해서 다음 단어의 발음을 한글로 쓰고 읽어 보세요.

단어	발음기호	발음 조합			한글 발음
rain 비, 비가 오다	[**rein**]	r ㄹ	ei ㅔ이	n ㄴ	❶
rug 깔개, 양탄자	[**rʌg**]	r ㄹ	ʌ ㅓ	g ㄱ	❷
write 쓰다	[**rait**]	r ㄹ	ai ㅏ이	t ㅌ	❸

정답 ❶ [레인] ❷ [럭] ❸ [라잍]

[m]/[n]/[l]/[r]

▶ 정답 171쪽

A 다음 발음기호의 알맞은 소리를 [보기]에서 찾아 써 보세요.

| 보기 | ㅁ | (을)ㄹ | ㄹ | ㄴ |

1 [m] _____   **2** [r] _____

3 [n] _____   **4** [l] _____

B 다음 단어를 보고 빈칸에 알맞은 발음기호를 써 보세요.

1 read [☐ iːd]   **2** mine [☐ ain]

3 son [sʌ ☐]   **4** look [☐ uk]

C 다음 단어의 알맞은 발음기호를 [보기]에서 찾아 써 보세요.

| 보기 | [nɑk] | [rait] | [mæp] |

1 write

_____

2 map

_____

3 knock

_____

D ⓐ, ⓑ 중에 다음 한글 발음에 해당하는 발음기호를 골라 보세요.

1 코운   ⓐ [koun]   ⓑ [koum]

2 모ː올   ⓐ [nɔːl]   ⓑ [mɔːl]

3 메일   ⓐ [meil]   ⓑ [neil]

4 로우즈   ⓐ [nouz]   ⓑ [rouz]

E 다음을 듣고 ⓐ, ⓑ 중에 알맞은 발음기호를 골라 보세요.

1    ⓐ [ruːm]   ⓑ [ruːn]

2   ⓐ [liːf]   ⓑ [riːf]

3   ⓐ [main]   ⓑ [nain]

4    ⓐ [mʌg]   ⓑ [rʌg]

이야기로 맞음기호 익히기
나의 **son** [sʌn]은 **rain** [rein]이 오는 날에는 자기가 **like** [laik]하는 노래를 들으면서 따뜻한 **milk** [milk]를 마시고는 합니다.

41

 **[tʃ] 취**

발음 024

🔍 입술을 동그랗게 모으고 혀끝을 윗니 뒤쪽 잇몸에 붙였다 떼면서, [취]처럼 공기를 힘 있게 내보내며 소리 냅니다.

소리 익히기 [tʃ]의 소리에 주의하면서 다음 단어를 읽어 보세요.

[tʃiːz] 취ː즈

취 ㅣː ㅈ

cheese 치즈

[tʃɔis] 쵸이스

취 ㅗ이 ㅅ

choice 선택

[lʌntʃ] (을)런취

(을)ㄹ ㅓ ㄴ 취

lunch 점심

연습 하기 발음 조합을 참고해서 다음 단어의 발음을 한글로 쓰고 읽어 보세요.

단어	발음기호	발음 조합				한글 발음
cheek 뺨, 볼	[tʃiːk]	tʃ 취	iː ㅣː	k ㅋ		❶
touch 만지다	[tʌtʃ]	t ㅌ	ʌ ㅓ	tʃ 취		❷
child 아이	[tʃaild]	tʃ 취	ai ㅏ이	l ㄹ	d ㄷ	❸

정답 ❶ [취ː크] ❷ [터취] ❸ [촤일드]

[dʒ] 쥐

발음 025

🔍 입술을 동그랗게 모으고 혀끝을 입천장에 가볍게 붙였다 떼면서, [쥐]처럼 성대를 울리며 발음합니다.

[dʒ]의 소리에 주의하면서 다음 단어를 읽어 보세요.

[dʒʌg] 쥑

| 쥐 | ㅓ | ㄱ |

jug 병, 단지

[dʒɔi] 죠이

| 쥐 | ㅗ이 |

joy 기쁨

[peidʒ] 페이쥐

| ㅍ | ㅔ이 | 쥐 |

page 페이지, 쪽

발음 조합을 참고해서 다음 단어의 발음을 한글로 쓰고 읽어 보세요.

단어	발음기호	발음 조합		한글 발음
jaw 턱, 턱뼈	[dʒɔː]	dʒ 쥐	ɔː ㅗː	❶
jet 제트기	[dʒet]	dʒ / e / t 쥐 / ㅔ / ㅌ		❷
cage 새장, 우리	[keidʒ]	k / ei / dʒ ㅋ / ㅔ이 / 쥐		❸

정답 ❶ [죠ː] ❷ [쥇] ❸ [케이쥐]

[ʃ] 쉬

발음 026

🔍 입술을 동그랗게 모으고 혀끝과 입천장 사이로 공기를 내보내면서 [쉬]처럼 발음합니다.

 소리 익히기 [ʃ]의 소리에 주의하면서 다음 단어를 읽어 보세요.

[ʃiːp] 쉬ː프

| 쉬 | ㅣː | ㅍ |

sheep 양

[ʃel] 쉘

| 쉬 | ㅔ | ㄹ |

shell 껍데기, 껍질

[kæʃ] 캐쉬

| ㅋ | ㅐ | 쉬 |

cash 현금

 연습 하기 발음 조합을 참고해서 다음 단어의 발음을 한글로 쓰고 읽어 보세요.

단어	발음기호	발음 조합		한글 발음
show 쇼, 공연	[ʃou]	ʃ / 쉬	ou / ㅗ우	❶
shop 가게	[ʃɑp]	ʃ / 쉬　ɑ / ㅏ　p / ㅍ		❷
trash 쓰레기	[træʃ]	t / ㅌ　r / ㄹ　æ / ㅐ　ʃ / 쉬		❸

정답 　❶ [쇼우] 　❷ [샾] 　❸ [트래쉬]

20 [ʒ] 쥐

🔍 앞서 배운 [dʒ]와 비슷한 [쥐] 소리인데, [dʒ]와 달리 혀끝이 입천장에 닿지 않게 주의하면서 발음합니다.

 소리 익히기 [ʒ]의 소리에 주의하면서 다음 단어를 읽어 보세요.

[tréʒər] 트레쥘

ㅌ ㄹ ㅔ 쥐 얼

treasure 보물

[víʒən] 비줜

ㅂ ㅣ 쥐 ㅓ ㄴ

vision 시력, 통찰력

[beiʒ] 베이쥐

ㅂ ㅔㅣ 쥐

beige 베이지색, 베이지색의

 연습 하기 발음 조합을 참고해서 다음 단어의 발음을 한글로 쓰고 읽어 보세요.

단어	발음기호	발음 조합				한글 발음
luge 루지 (썰매)	[luːʒ]	l (을)ㄹ	uː ㅜː	ʒ 쥐		❶
Asia 아시아	[éiʒə]	ei 에이	ʒ 쥐	ə ㅓ		❷
leisure 여가 활동, 레저	[líːʒər]	l (을)ㄹ	iː ㅣː	ʒ 쥐	ər 얼	❸

정답 ❶ [(을)루ː쥐] ❷ [에이줘] ❸ [(을)리ː쥘]

[tʃ]/[dʒ]/[ʃ]/[ʒ]

▶ 정답 172쪽

A 다음 발음기호의 알맞은 소리를 [보기]에서 찾아 써 보세요.

| 보기 | 쉬 | 쥐 | 취 | 쥐 |

1 [ʒ] _____   **2** [tʃ] _____

3 [dʒ] _____   **4** [ʃ] _____

B 다음 단어를 보고 빈칸에 알맞은 발음기호를 써 보세요.

1 sheep [⬚ iːp]   **2** child [⬚ aild]

3 leisure [líː ⬚ ər]   **4** page [pei ⬚]

C 다음 단어의 알맞은 발음기호를 [보기]에서 찾아 써 보세요.

| 보기 | [tʃiːk] | [keidʒ] | [ʃɑp] |

1 cage

2 shop

3 cheek

⬚

⬚

⬚

D ⓐ, ⓑ 중에 다음 한글 발음에 해당하는 발음기호를 골라 보세요.

1 비줜   ⓐ [víʃən]   ⓑ [víʒən]

2 취ː즈   ⓐ [tʃiːz]   ⓑ [ʃiːz]

3 쉘   ⓐ [tʃel]   ⓑ [ʃel]

4 죠ː   ⓐ [tʃɔː]   ⓑ [dʒɔː]

E 다음을 듣고 ⓐ, ⓑ 중에 알맞은 발음기호를 골라 보세요.

1   ⓐ [tʌʃ]   ⓑ [tʌtʃ]

2      ⓐ [dʒet]   ⓑ [jet]

3      ⓐ [luːʒ]   ⓑ [luːʃ]

4      ⓐ [dʒou]   ⓑ [ʃou]

이야기로 발음기호 익히기

나는 lunch [lʌntʃ]를 먹고 식탁 위의 trash [træʃ]를 정리한 뒤, beige [beiʒ] 식탁보 위에 예쁜 jug [dʒʌg]를 올려 놓았습니다.

발음 029

목구멍에서 공기를 뱉으면서 [흐]처럼 발음합니다.

소리 익히기 [h]의 소리에 주의하면서 다음 단어를 읽어 보세요.

[hʌg] 헉
ㅎ ㅓ ㄱ
hug 껴안다

[hil] 힐
ㅎ ㅣ ㄹ
hill 언덕

[hæm] 햄
ㅎ ㅐ ㅁ
ham 햄

연습 하기 발음 조합을 참고해서 다음 단어의 발음을 한글로 쓰고 읽어 보세요.

단어	발음기호	발음 조합			한글 발음
who 누구	[h**uː**]	h / ㅎ	uː / ㅜː		❶
house 집	[h**aus**]	h / ㅎ	au / ㅏ우	s / ㅅ	❷
happy 행복한	[h**ǽpi**]	h / ㅎ	æ / ㅐ	p / ㅍ	i / ㅣ	❸

22 [ŋ] ㅇ

발음 030

🔍 우리말의 'ㅇ' 받침소리와 비슷합니다. 목구멍을 혀뿌리로 막고, 코로 공기를 내보내면서 [응]처럼 발음합니다.

소리 익히기 [ŋ]의 소리에 주의하면서 다음 단어를 읽어 보세요.

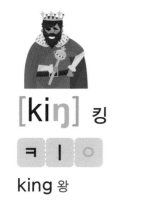

[kiŋ] 킹

ㅋ ㅣ ㅇ

king 왕

[sɔːŋ] 쏘ː옹

ㅆ ㅗː ㅇ

song 노래

[piŋk] 핑크

ㅍ ㅣ ㅇ ㅋ

pink 분홍색, 분홍색의

연습 하기 발음 조합을 참고해서 다음 단어의 발음을 한글로 쓰고 읽어 보세요.

단어	발음기호	발음 조합			한글 발음
long 긴	[lɔːŋ]	l (을)ㄹ	ɔː ㅗː	ŋ ㅇ	❶
hang 걸다, 매달다	[hæŋ]	h ㅎ	æ ㅐ	ŋ ㅇ	❷
sink 싱크대	[siŋk]	s ㅆ	i ㅣ	ŋ ㅇ k ㅋ	❸

정답 ❶ [(을)로ː옹] ❷ [행] ❸ [씽크]

49

23 [w] 우

🔍 입술을 동그랗게 모아 [우]처럼 발음합니다. 모음과 만나 [wɑ(와)], [wi(위)], [we(웨)] 같은 소리를 냅니다.

소리 익히기 [w]의 소리에 주의하면서 다음 단어를 읽어 보세요.

[**w**ig] 윅

우 ㅣ ㄱ

wig 가발

[**w**et] 웻

우 ㅔ ㅌ

wet 젖은

[**w**ait] 와잍

우 ㅏ이 ㅌ

white 하얀색, 하얀

연습 하기 발음 조합을 참고해서 다음 단어의 발음을 한글로 쓰고 읽어 보세요.

단어	발음기호	발음 조합		한글 발음
way 길, 방법	[**w**ei]	w 우	ei ㅔ이	❶
win 이기다	[**w**in]	w i n 우 ㅣ ㄴ		❷
watch 손목시계	[**w**ɑtʃ]	w ɑ tʃ 우 ㅏ 취		❸

정답 ❶ [웨이] ❷ [윈] ❸ [와취]

[j] 이

 입술을 양옆으로 벌려 [이]처럼 발음합니다. 모음과 결합해 [jɑ(야)], [je(예)], [ju(유)] 같은 소리를 냅니다.

소리 익히기 [j]의 소리에 주의하면서 다음 단어를 읽어 보세요.

[jel] 옐

| 이 | 에 | ㄹ |

yell 소리치다

[jʌŋ] 영

| 이 | ㅓ | ㅇ |

young 어린, 젊은

[jɑt] 얕

| 이 | ㅏ | ㅌ |

yacht 요트

연습 하기 발음 조합을 참고해서 다음 단어의 발음을 한글로 쓰고 읽어 보세요.

단어	발음기호	발음 조합			한글 발음
yes 네, 그래요	[jes]	j 이	e ㅔ	s ㅅ	❶
youth 젊음, 청춘	[juːθ]	j 이	uː ㅜː	θ ㄸ	❷
yawn 하품하다	[jɔːn]	j 이	ɔː ㅗː	n ㄴ	❸

정답 ❶ [예스] ❷ [유ː뜨] ❸ [요ː온]

[h]/[ŋ]/[w]/[j]

▶ 정답 172쪽

A 다음 발음기호의 알맞은 소리를 [보기]에서 찾아 써 보세요.

보기   ㅎ   우   이   ㅇ

1 [w] _____   2 [ŋ] _____

3 [j] _____   4 [h] _____

B 다음 단어를 보고 빈칸에 알맞은 발음기호를 써 보세요.

1 hill   [☐ il]   2 youth   [☐ u:θ]

3 hang   [hæ ☐]   4 wet   [☐ et]

C 다음 단어의 알맞은 발음기호를 [보기]에서 찾아 써 보세요.

보기   [haus]   [wɑtʃ]   [siŋk]

1 watch   2 sink   3 house

_____   _____   _____

52

D ⓐ, ⓑ 중에 다음 한글 발음에 해당하는 발음기호를 골라 보세요.

1 헉   ⓐ [hʌg]   ⓑ [gʌg]

2 쏘ː옹   ⓐ [sɔːn]   ⓑ [sɔːŋ]

3 윅   ⓐ [wig]   ⓑ [jig]

4 얕   ⓐ [wat]   ⓑ [jɑt]

E 다음을 듣고 ⓐ, ⓑ 중에 알맞은 발음기호를 골라 보세요.

1   ⓐ [lɔːn]   ⓑ [lɔːŋ]

2    ⓐ [huː]   ⓑ [juː]

3   ⓐ [wei]   ⓑ [jei]

4   ⓐ [wes]   ⓑ [jes]

이야기로 발음기호 익히기

그 **young** [jʌŋ]한 선수는 경주에서 **win** [win]해서 **pink** [piŋk] 트로피를 받고 매우 **happy** [hæpi]한 표정을 지었습니다.

여러 자음을 합친 발음기호 읽기

앞에서 배운 자음 소리를 토대로, 여러 개의 자음 발음기호가 함께 올 때는 어떻게 읽으면 되는지 알아봅시다.

❶ 자음 + [l]

[l]는 [(을)ㄹ]로 소리 나므로, 자음과 합쳐지면 [bl]은 'ㅂ + (을)ㄹ', 즉 '블ㄹ'로 소리 냅니다. 모음 뒤에 올 때는 '블/플/글' 같이 ㄹ 받침처럼 소리 냅니다.

[bl]	[fl]	[gl]	[kl]	[pl]	[sl]
블ㄹ/블	플ㄹ/플	글ㄹ/글	클ㄹ/클	플ㄹ/플	슬ㄹ/슬

[blou] 블로우
blow (바람이) 불다

[bʌbl] 버블
bubble 거품

[plæn] 플랜
plan 계획, 계획하다

[píːpl] 피ː플
people 사람들

❷ 자음 + [r]

앞의 자음 소리와 [r]의 [르] 소리를 이어서 발음합니다.

[br]	[fr]	[gr]	[kr]	[pr]	[dr]	[tr]
브르	프르	그르	크르	프르	드르	트르

[briŋ] 브링
bring 가져오다

[driːm] 드리ː임
dream 꿈, 꿈꾸다

❸ [s] + 자음

[s]의 '스'와 뒤의 자음 소리를 이어서 발음하는데, 끝에 올 때는 끝소리를 약하게 냅니다.

[st]	[sk]	[sp]	[sm]	[sn]	[sw]
스트	스크	스ㅍ	스ㅁ	스ㄴ	스우

[stei] 스테이

stay 머물다

[rest] 레스트

rest 휴식하다

❹ [S] + 자음 + 자음

세 자음 소리를 자연스럽게 이어서 발음합니다.

[spr]	[spl]	[skr]	[str]	[skw]
스프ㄹ	스플ㄹ	스크ㄹ	스트ㄹ	스크우

[spriŋ] 스프링

spring 봄

[split] 스플릳

split 나누다

❺ 자음 + [j]

[ju]는 [유]로 소리 나는데, 앞의 자음과 합쳐지면 '큐, 퓨, 뮤'와 비슷한 소리가 납니다.

[kju]	[pju]	[mju]	[fju]	[tju]
큐	퓨	뮤	퓨	튜

[kjuːt] 큐ː트

cute 귀여운

[mjúːzik] 뮤ː직

music 음악

발음 034

친절한 발음기호
영상 강의를 보면서
공부하세요.

PART 2

모음
발음기호

🔍 우리말 '이'와 비슷한 소리인데, 정확히는 '에'의 입 모양을 만든 다음 짧고 가볍게 [이]처럼 발음합니다.

소리 익히기 ▶ [i]의 소리에 주의하면서 다음 단어를 읽어 보세요.

[il] 일	[lid] (을)릳	[ʃip] 쉽
이 ㄹ	(을)ㄹ ㅣ ㄷ	쉬 ㅣ ㅍ
ill 아픈	lid 뚜껑	ship 배, 선박

연습 하기 ▶ 발음 조합을 참고해서 다음 단어의 발음을 한글로 쓰고 읽어 보세요.

단어	발음기호	발음 조합			한글 발음
hit 치다, 때리다	[hit]	h ㅎ	i ㅣ	t ㅌ	❶
ink 잉크	[iŋk]	i 이	ŋ ㅇ	k ㅋ	❷
wish 소원, 바라다	[wiʃ]	w 우	i ㅣ	ʃ 쉬	❸

정답 ❶ [힡] ❷ [잉크] ❸ [위쉬]

🔍 우리말 '이'보다 입을 가로로 더 벌리고, 입꼬리에 힘을 주며 길게 [이ː]처럼 발음합니다.

소리 익히기 ▶ [iː]의 소리에 주의하면서 다음 단어를 읽어 보세요.

[hiː] 히ː	[siː] 씨ː	[miːt] 미ː트
ㅎ | ㅣ ː	ㅆ | ㅣ ː	ㅁ | ㅣ ː | ㅌ
he 그는, 그 남자는	sea 바다	meet 만나다

연습 하기 ▶ 발음 조합을 참고해서 다음 단어의 발음을 한글로 쓰고 읽어 보세요.

단어	발음기호	발음 조합			한글 발음
meal 식사	[miːl]	m ㅁ	iː ㅣ ː	l ㄹ	❶
beach 해변, 바닷가	[biːtʃ]	b ㅂ	iː ㅣ ː	tʃ 취	❷
field 들판	[fiːld]	f ㅍ	iː l ㅣ ː ㄹ	d ㄷ	❸

정답 ❶ [미ː일] ❷ [비ː취] ❸ [피ː일드]

03 [u] 우

발음 037

🔍 정확히는 '우'와 '어'의 중간 소리인데, 턱을 조금 아래로 내리면서 [우]처럼 발음합니다.

소리 익히기 ▶ [u]의 소리에 주의하면서 다음 단어를 읽어 보세요.

[ful] 풀	[huk] 훅	[puʃ] 푸쉬
ㅍ ㅜ ㄹ	ㅎ ㅜ ㅋ	ㅍ ㅜ 쉬
full 가득 찬	hook 갈고리	push 밀다

연습 하기 ▶ 발음 조합을 참고해서 다음 단어의 발음을 한글로 쓰고 읽어 보세요.

단어	발음기호	발음 조합			한글 발음
foot 발	[fut]	f ㅍ	u ㅜ	t ㅌ	❶
pull 당기다	[pul]	p ㅍ	u ㅜ	l ㄹ	❷
good 좋은	[gud]	g ㄱ	u ㅜ	d ㄷ	❸

정답 ❶ [푿] ❷ [풀] ❸ [굳]

60

발음 038

🔍 오리 입 모양을 흉내 내듯 입술을 동그랗게 오므려 내밀고, 혀를 아래로 내리면서 길게 [우ː]처럼 발음합니다.

소리 익히기 [uː]의 소리에 주의하면서 다음 단어를 읽어 보세요.

[muːn] 무ː운
ㅁ ㅜː ㄴ
moon 달

[puːl] 푸ː울
ㅍ ㅜː ㄹ
pool 수영장

[bluː] 블루ː
ㅂ (을)ㄹ ㅜː
blue 파란색, 파란

연습 하기 발음 조합을 참고해서 다음 단어의 발음을 한글로 쓰고 읽어 보세요.

단어	발음기호	발음 조합			한글 발음
chew 씹다	[tʃuː]	tʃ 취	uː ㅜː		❶
root 뿌리	[ruːt]	r ㄹ	uː ㅜː	t ㅌ	❷
glue 접착제, 풀	[gluː]	g ㄱ	l (을)ㄹ	uː ㅜː	❸

정답 ❶ [츄ː] ❷ [루ː트] ❸ [글루ː]

A 다음 발음기호의 알맞은 소리를 [보기]에서 찾아 써 보세요.

> 보기   이   이ː   우   우ː

1 [uː] _____   **2** [iː] _____

3 [u] _____   **4** [i] _____

B 다음 단어를 보고 빈칸에 알맞은 발음기호를 써 보세요.

1 ill   [[ ] l]   **2** glue   [gl [ ]]

3 pull   [p [ ] l]   **4** meal   [m [ ] l]

C 다음 단어의 알맞은 발음기호를 [보기]에서 찾아 써 보세요.

> 보기   [fut]   [fiːld]   [iŋk]

1 field   **2** ink   **3** foot

[_____]   [_____]   [_____]

D ⓐ, ⓑ 중에 다음 한글 발음에 해당하는 발음기호를 골라 보세요.

1 블루ː ⓐ [bluː] ⓑ [bliː]

2 ⁽ᵘˡ⁾린 ⓐ [lid] ⓑ [lud]

3 미ː트 ⓐ [mit] ⓑ [miːt]

4 푸쉬 ⓐ [puʃ] ⓑ [puːʃ]

E 다음을 듣고 ⓐ, ⓑ 중에 알맞은 발음기호를 골라 보세요.

1 ⓐ [wuʃ] ⓑ [wiʃ]

2 ⓐ [ruːt] ⓑ [riːt]

3 ⓐ [gid] ⓑ [gud]

4  ⓐ [biːtʃ] ⓑ [buːtʃ]

이야기로 발음기호 익히기

나는 **ship** [ʃip]을 타고 **sea** [siː] 위에 뜬 **full** [ful] **moon** [muːn]을 바라보며 추억에 잠겼습니다.

(full moon = 보름달)

63

05 [e] 에

발음 040

🔍 우리말 '에'와 비슷한 소리인데, 턱을 아래로 내리면서 짧게 [에]처럼 발음합니다.

 소리 익히기 [e]의 소리에 주의하면서 다음 단어를 읽어 보세요.

[p**e**t] 펱

| ㅍ | ㅔ | ㅌ |

pet 반려동물

[w**e**b] 웹

| 우 | ㅔ | ㅂ |

web 거미줄

[t**e**l] 텔

| ㅌ | ㅔ | ㄹ |

tell 말하다, 이야기하다

 연습 하기 발음 조합을 참고해서 다음 단어의 발음을 한글로 쓰고 읽어 보세요.

단어	발음기호	발음 조합			한글 발음
red 빨간, 빨간색	[r**e**d]	r ㄹ	e ㅔ	d ㄷ	❶
men 남자들	[m**e**n]	m ㅁ	e ㅔ	n ㄴ	❷
belt 허리띠, 벨트	[b**e**lt]	b ㅂ	e l t ㅔ ㄹ ㅌ		❸

정답 ❶ [렏] ❷ [멘] ❸ [벨트]

06 [æ] 애

발음 041

🔍 입꼬리를 양끝으로 있는 힘껏 벌리면서 [애]처럼 발음합니다.

소리 익히기

[æ]의 소리에 주의하면서 다음 단어를 읽어 보세요.

[**ǽpl**] 애플

| 애 | ㅍ | ㄹ |

apple 사과

[**kæt**] 캩

| ㅋ | ㅐ | ㅌ |

cat 고양이

[**sæd**] 쌛

| ㅆ | ㅐ | ㄷ |

sad 슬픈

연습 하기

발음 조합을 참고해서 다음 단어의 발음을 한글로 쓰고 읽어 보세요.

단어	발음기호	발음 조합			한글 발음
fat 뚱뚱한	[**fæt**]	f ㅍ	æ ㅐ	t ㅌ	❶
catch 잡다	[**kætʃ**]	k ㅋ	æ ㅐ	tʃ 취	❷
clap 손뼉을 치다	[**klæp**]	k ㅋ l (을)ㄹ	æ ㅐ	p ㅍ	❸

정답 ❶ [퍁] ❷ [캐취] ❸ [클랲]

🔍 우리말 '아' 발음과 비슷한데, 입을 더 크게 벌리고 턱을 아래로 더 내리면서 [아]처럼 발음합니다.

 소리 익히기 [ɑ]의 소리에 주의하면서 다음 단어를 읽어 보세요.

[pɑt] 팥

ㅍ ㅏ ㅌ

pot 냄비, 솥

[wɑʃ] 와쉬

우 ㅏ 쉬

wash 씻다, 세탁하다

[klɑk] 클락

ㅋ (을)ㄹ ㅏ ㅋ

clock 시계

연습 하기 발음 조합을 참고해서 다음 단어의 발음을 한글로 쓰고 읽어 보세요.

단어	발음기호	발음 조합			한글 발음
mom 엄마	[mɑm]	m ㅁ	ɑ ㅏ	m ㅁ	❶
sock 양말 (한 짝)	[sɑk]	s ㅆ	ɑ ㅏ	k ㅋ	❷
drop 떨어뜨리다	[drɑp]	d r ㄷ ㄹ	ɑ ㅏ	p ㅍ	❸

정답 ❶ [맘] ❷ [쌐] ❸ [드랍]

🔍 우리말 '어'와 '아'의 중간 소리로, 턱을 아래로 내리면서 [어]처럼 발음합니다.

소리 익히기 ▶ [ʌ]의 소리에 주의하면서 다음 단어를 읽어 보세요.

[dʌk] 덕
ㄷ ㅓ ㅋ
duck 오리

[kʌt] 컽
ㅋ ㅓ ㅌ
cut 자르다

[bʌs] 버스
ㅂ ㅓ ㅅ
bus 버스

연습 하기 ▶ 발음 조합을 참고해서 다음 단어의 발음을 한글로 쓰고 읽어 보세요.

단어	발음기호	발음 조합				한글 발음
up 위로, 위쪽에	[ʌp]	ʌ 어		p ㅍ		❶
bug 벌레	[bʌg]	b ㅂ	ʌ ㅓ	g ㄱ		❷
flood 홍수	[flʌd]	f ㅍ	l (을)ㄹ	ʌ ㅓ	d ㄷ	❸

정답 ❶ [엎] ❷ [벅] ❸ [플럳]

67

A 다음 발음기호의 알맞은 소리를 [보기]에서 찾아 써 보세요.

> 보기   에   애   아   어

1 [ʌ] _____   2 [e] _____

3 [æ] _____   4 [ɑ] _____

B 다음 단어를 보고 빈칸에 알맞은 발음기호를 써 보세요.

1 fat   [f ⬚ t]   2 tell   [t ⬚ l]

3 clock   [kl ⬚ k]   4 duck   [d ⬚ k]

C 다음 단어의 알맞은 발음기호를 [보기]에서 찾아 써 보세요.

> 보기   [klæp]   [sɑk]   [bʌg]

1 sock   2 bug   3 clap

D ⓐ, ⓑ 중에 다음 한글 발음에 해당하는 발음기호를 골라 보세요.

1 버스   ⓐ [bʌs]   ⓑ [bɑs]

2 웹   ⓐ [wæb]   ⓑ [web]

3 캩   ⓐ [kʌt]   ⓑ [kæt]

4 팥   ⓐ [pat]   ⓑ [pet]

E 다음을 듣고 ⓐ, ⓑ 중에 알맞은 발음기호를 골라 보세요.

1    ⓐ [mɑm]   ⓑ [mem]

2    ⓐ [belt]   ⓑ [bɑlt]

3    ⓐ [kʌtʃ]   ⓑ [kætʃ]

4   ⓐ [æp]   ⓑ [ʌp]

이야기로 발음기호 익히기 막내 삼촌은 잘 익은 **red** [red] **apple** [æpl]을 **cut** [kʌt]해서 먹으려다가 바닥에 **drop** [drɑp]해서 무척 속상해했습니다.

09 [ɔ:] 오ː

발음 045

🔍 턱을 살짝 아래로 내리고 '오'와 '어'의 중간 소리에 가까운 [오ː]로 길게 발음합니다.

 소리 익히기 [ɔ:]의 소리에 주의하면서 다음 단어를 읽어 보세요.

[lɔ:] (을)로ː

(을)ㄹ ㅗ ː

law 법, 법률

[sɔ:s] 쏘ː스

ㅆ ㅗ ː ㅅ

sauce 소스, 양념

[kɔ:f] 코ː프

ㅋ ㅗ ː ㅍ

cough 기침, 기침하다

연습 하기 발음 조합을 참고해서 다음 단어의 발음을 한글로 쓰고 읽어 보세요.

단어	발음기호	발음 조합				한글 발음
draw 그리다	[drɔ:]	d ㄷ	r ㄹ	ɔ: ㅗ ː		❶
pause 멈춤, 정지	[pɔ:z]	p ㅍ	ɔ: ㅗ ː	z ㅈ		❷
fault 잘못, 책임	[fɔ:lt]	f ㅍ	ɔ: ㅗ ː	l ㄹ	t ㅌ	❸

정답 ❶[드로ː] ❷[포ː즈] ❸[포ː올트]

10 [ə] 어

발음 046

🔍 우리말 '어'와 '으'의 중간 소리입니다. 강세를 받지 않는 소리로, 힘을 빼고 약하게 [어]처럼 소리 냅니다.

소리 익히기 ▶ [ə]의 소리에 주의하면서 다음 단어를 읽어 보세요.

[návəl] 나벌
ㄴ ㅏ ㅂ ㅓ ㄹ
novel 소설

[láiən] (을)라이언
(을)ㄹ ㅏ이 어 ㄴ
lion 사자

[kǽrət] 캐럴
ㅋ ㅐ ㄹ ㅓ ㅌ
carrot 당근

연습 하기 ▶ 발음 조합을 참고해서 다음 단어의 발음을 한글로 쓰고 읽어 보세요.

단어	발음기호	발음 조합				한글 발음
alone 혼자서, 홀로	[əlóun]	ə 어	l (을)ㄹ	ou ㅗ우	n ㄴ	①
oven 오븐	[ʌvən]	ʌ 어	v ㅂ	ə ㅓ	n ㄴ	②
sofa 소파	[sóufə]	s 쓰	ou ㅗ우	f ㅍ	ə ㅓ	③

정답 ① [얼로운] ② [어번] ③ [쏘우퍼]

71

발음 047

🔍 두 소리를 자연스럽게 연결해 [아이]처럼 발음합니다. 이때 뒤의 [이] 소리를 더 약하게 냅니다.

[ai]의 소리에 주의하면서 다음 단어를 읽어 보세요.

[ai**s**] 아이스

| 아이 | ㅅ |

ice 얼음

[p**ai**] 파이

| ㅍ | ㅏ이 |

pie 파이

[b**ai**t] 바잍

| ㅂ | ㅏ이 | ㅌ |

bite 물다, 물어뜯다

발음 조합을 참고해서 다음 단어의 발음을 한글로 쓰고 읽어 보세요.

단어	발음기호	발음 조합			한글 발음
my 나의	[m**ai**]	**m** ㅁ	**ai** ㅏ이		❶
wife 아내	[w**ai**f]	**w** 우	**ai** ㅏ이	**f** ㅍ	❷
ride (자전거를) 타다	[r**ai**d]	**r** ㄹ	**ai** ㅏ이	**d** ㄷ	❸

정답 ❶ [마이] ❷ [와잎] ❸ [라읻]

72

12 [ei] 에이

🔍 하나의 소리처럼 부드럽게 이어 [에이]처럼 발음합니다. 끝의 [이]는 약하게 소리 냅니다.

소리
익히기

[ei]의 소리에 주의하면서 다음 단어를 읽어 보세요.

[sei] 쎄이

ㅆ	ㅔ이

say 말하다

[leik] (을)레잌

(을)ㄹ	ㅔ이	ㅋ

lake 호수

[weit] 웨잍

우	ㅔ이	ㅌ

wait 기다리다

연습
하기

발음 조합을 참고해서 다음 단어의 발음을 한글로 쓰고 읽어 보세요.

단어	발음기호	발음 조합				한글 발음
pay 돈을 내다	[pei]	p ㅍ	ei ㅔ이			❶
safe 금고, 안전한	[seif]	s ㅆ	ei ㅔ이	f ㅍ		❷
train 기차	[trein]	t ㅌ	r ㄹ	ei ㅔ이	n ㄴ	❸

정답 ❶ [페이] ❷ [쎄잎] ❸ [트레인]

73

[ɔː]/[ə]/[ai]/[ei]

▶ 정답 174쪽

A 다음 발음기호의 알맞은 소리를 [보기]에서 찾아 써 보세요.

보기	어	오:	아이	에이

1 [ei] _____

2 [ɔː] _____

3 [ai] _____

4 [ə] _____

B 다음 단어를 보고 빈칸에 알맞은 발음기호를 써 보세요.

1 novel [náv⬚l]

2 wife [w⬚f]

3 lake [l⬚k]

4 cough [k⬚f]

C 다음 단어의 알맞은 발음기호를 [보기]에서 찾아 써 보세요.

보기	[drɔː]	[trein]	[sóufə]

1 sofa

2 train

3 draw

D ⓐ, ⓑ 중에 다음 한글 발음에 해당하는 발음기호를 골라 보세요.

1 바잍 ⓐ [beit] ⓑ [bait]

2 (을)로ː ⓐ [luː] ⓑ [lɔː]

3 쎄이 ⓐ [sei] ⓑ [sai]

4 캐렅 ⓐ [kǽrət] ⓑ [kǽrɔːt]

E 다음을 듣고 ⓐ, ⓑ 중에 알맞은 발음기호를 골라 보세요.

1 ⓐ [ɔːlóun] ⓑ [əlóun]

2 ⓐ [saif] ⓑ [seif]

3 ⓐ [raid] ⓑ [reid]

4 ⓐ [peiz] ⓑ [pɔːz]

이야기로
발음기호
익히기

윤정이는 특별한 **sauce**[sɔːs]를 뿌려 **oven**[ʌ́vən]에서 구운 따끈한
pie[pai]를 천 원을 **pay**[pei]하고 사 먹었습니다.

13 [au] 아우

발음 050

🔍 두 소리를 부드럽게 이어서 [아우]처럼 발음합니다. 뒤의 [우]는 더 약하게 소리 냅니다.

 소리 익히기 [au]의 소리에 주의하면서 다음 단어를 읽어 보세요.

[aul] 아울

| 아우 | ㄹ |

owl 부엉이

[taun] 타운

| ㅌ | ㅏ우 | ㄴ |

town 마을

[raund] 라운드

| ㄹ | ㅏ우 | ㄴ | ㄷ |

round 둥근, 동그란

 연습 하기 발음 조합을 참고해서 다음 단어의 발음을 한글로 쓰고 읽어 보세요.

단어	발음기호	발음 조합			한글 발음
cow 소	[kau]	k ㅋ	au ㅏ우		❶
mouth 입	[mauθ]	m ㅁ	au ㅏ우	θ ㄸ	❷
brown 갈색, 갈색의	[braun]	b ㅂ / r ㄹ	au ㅏ우	n ㄴ	❸

정답 ❶ [카우] ❷ [마우뜨] ❸ [브라운]

76

발음 051

알파벳 O의 발음과 똑같이, 두 소리를 부드럽게 이어서 [오우]처럼 발음합니다.

소리 익히기

[ou]의 소리에 주의하면서 다음 단어를 읽어 보세요.

[g**ou**] 고우

| ㄱ | ㅗ우 |

go 가다

[s**ou**p] 쏘웊

| ㅆ | ㅗ우 | ㅍ |

soap 비누

[b**ou**l] 보울

| ㅂ | ㅗ우 | ㄹ |

bowl (오목한) 그릇

연습 하기

발음 조합을 참고해서 다음 단어의 발음을 한글로 쓰고 읽어 보세요.

단어	발음기호	발음 조합			한글 발음
know 알다	[n**ou**]	**n**	**ou**		❶
		ㄴ	ㅗ우		
old 나이 든	[**ou**ld]	**ou**	**l**	**d**	❷
		오우	ㄹ	ㄷ	
toad 두꺼비	[t**ou**d]	**t**	**ou**	**d**	❸
		ㅌ	ㅗ우	ㄷ	

정답 ❶ [노우] ❷ [오울드] ❸ [토욷]

15 [ɔi] 오이

발음 052

🔍 [ɔ]는 '오'와 '어'의 중간 소리로, 여기에 '이' 소리를 약하게 붙여 [오이]처럼 부드럽게 연결하여 발음합니다.

 [ɔi]의 소리에 주의하면서 다음 단어를 읽어 보세요.

[sɔi] 쏘이

| ㅆ | ㅗ이 |

soy 콩

[bɔil] 보일

| ㅂ | ㅗ이 | ㄹ |

boil 끓이다, 끓다

[kɔin] 코인

| ㅋ | ㅗ이 | ㄴ |

coin 동전

발음 조합을 참고해서 다음 단어의 발음을 한글로 쓰고 읽어 보세요.

단어	발음기호	발음 조합				한글 발음
oil 기름	[ɔil]	ɔi 오이	l ㄹ			❶
toy 장난감	[tɔi]	t ㅌ	ɔi ㅗ이			❷
noisy 시끄러운	[nɔizi]	n ㄴ	ɔi ㅗ이	z ㅈ	i ㅣ	❸

정답 ❶[오일] ❷[토이] ❸[노이지]

하나의 소리 덩어리, 이중모음

지금까지 배운 [ai], [au], [ei], [ou], [ɔi]는 이중모음에 해당합니다. 이중모음은 두 개의 소리가 연달아 오는 모음 소리로, 우리말로는 두 글자로 읽히지만 영어에서는 하나의 소리 덩어리로 봅니다. 그래서 하나의 소리처럼 부드럽게 발음해야 하죠. 이때 앞 소리는 강하게 읽고, 뒤의 소리는 조금 약하게 읽습니다. 주로 아래의 철자에서 다음과 같은 이중모음 소리가 납니다.

발음 기호	[ai]	[ei]	[au]	[ou]	[ɔi]
대표 철자	i ie	a ai ay	ow ou	o oa ow	oi oy

[dain] 다인
dine 식사를 하다

[tai] 타이
tie 넥타이

[eid] 에잍
aid 도움, 지원

[veis] 베이스
vase 꽃병

[daun] 다운
down 아래로

[saund] 싸운드
sound 소리

[nǽrou] 내로우
narrow 좁은

[vout] 보웉
vote 투표하다

[spɔil] 스포일
spoil 망치다

[bɔi] 보이
boy 소년

A 다음 발음기호의 알맞은 소리를 [보기]에서 찾아 써 보세요.

> 보기   아우   오우   오이

1 [ou] _____   **2** [ɔi] _____

3 [au] _____

B 다음 단어를 보고 빈칸에 알맞은 발음기호를 써 보세요.

1 coin   [k⬚n]   **2** round   [r⬚nd]

3 soap   [s⬚p]   **4** boil   [b⬚l]

C 다음 단어의 알맞은 발음기호를 [보기]에서 찾아 써 보세요.

> 보기   [nou]   [mauθ]   [tɔi]

1 toy   **2** mouth   **3** know

_____   _____   _____

D ⓐ, ⓑ 중에 다음 한글 발음에 해당하는 발음기호를 골라 보세요.

1 쏘이   ⓐ [sou]   ⓑ [sɔi]

2 고우   ⓐ [gou]   ⓑ [gau]

3 타운   ⓐ [taun]   ⓑ [toun]

4 보울   ⓐ [baul]   ⓑ [boul]

E 다음을 듣고 ⓐ, ⓑ 중에 알맞은 발음기호를 골라 보세요.

1   ⓐ [ɔil]   ⓑ [oul]

2   ⓐ [broun]   ⓑ [braun]

3   ⓐ [auld]   ⓑ [ould]

4    ⓐ [kau]   ⓑ [kou]

이야기로 발음기호 익히기   그들은 숲 속을 산책하다가 **noisy** [nɔ́izi]하게 우는 **owl** [aul]과 커다란 **toad** [toud] 한 마리를 보았습니다.

🔍 길게 '아' 소리를 내면서 혀끝을 안쪽으로 말아 올리며 [아ː알]처럼 발음합니다.

 소리 익히기 [ɑːr]의 소리에 주의하면서 다음 단어를 읽어 보세요.

[ɑːrt] 아ː알트

아ː알	ㅌ

art 미술, 예술

[stɑːr] 스타ː알

ㅅ	ㅌ	ㅏː알

star 별, 별 모양

[pɑːrk] 파ː알크

ㅍ	ㅏː알	ㅋ

park 공원

 연습 하기 발음 조합을 참고해서 다음 단어의 발음을 한글로 쓰고 읽어 보세요.

단어	발음기호	발음 조합			한글 발음
car 자동차	[kɑːr]	k ㅋ	ɑːr ㅏː알		❶
dark 어두운, 깜깜한	[dɑːrk]	d ㄷ	ɑːr ㅏː알	k ㅋ	❷
army 군대	[ɑ́ːrmi]	ɑːr 아ː알	m ㅁ	i ㅣ	❸

정답 ❶ [카ː알] ❷ [다ː알크] ❸ [아ː알미]

[əːr] 어ː얼

발음 056

🔍 '어' 소리를 길게 내면서 혀끝을 안쪽으로 말아 올리며 [어ː얼]처럼 발음합니다.

소리 익히기 ▶ [əːr]의 소리에 주의하면서 다음 단어를 읽어 보세요.

[əːrθ] 어ː얼뜨

| 어ː얼 | ㄸ |

Earth 지구

[təːrtl] 터ː얼틀

| ㅌ | ㅓː얼 | ㅌㄹ |

turtle 거북

[wəːrd] 워ː얼드

| 우 | ㅓː얼 | ㄷ |

word 단어, 낱말

연습 하기 ▶ 발음 조합을 참고해서 다음 단어의 발음을 한글로 쓰고 읽어 보세요.

단어	발음기호	발음 조합				한글 발음
nurse 간호사	**[nəːrs]**	n ㄴ	əːr ㅓː얼	s ㅅ		①
skirt 치마, 스커트	**[skəːrt]**	s ㅅ	k ㅋ	əːr ㅓː얼	t ㅌ	②
dirty 더러운	**[dəːrti]**	d ㄷ	əːr ㅓː얼	t ㅌ	i ㅣ	③

정답 ① [너ː얼스] ② [스커ː얼트] ③ [더ː얼티]

🔍 약하게 '어' 소리를 내는데, 혀끝을 안쪽으로 말아 올리며 짧고 약하게 [얼]처럼 발음합니다.

 소리 익히기 [ər]의 소리에 주의하면서 다음 단어를 읽어 보세요.

[rívər] 리벌

ㄹ ㅣ ㅂ 얼

river 강

[dáktər] 닥털

ㄷ ㅏ ㅋ ㅌ 얼

doctor 의사

[wéðər] 웨덜

우 ㅔ ㄷ 얼

weather 날씨

연습 하기 발음 조합을 참고해서 다음 단어의 발음을 한글로 쓰고 읽어 보세요.

단어	발음기호	발음 조합				한글 발음
water 물	[wɔ́:tər]	w 우	ɔ: ㅗ:	t ㅌ	ər 얼	❶
tiger 호랑이	[táigər]	t ㅌ	ai ㅏ이	g ㄱ	ər 얼	❷
butter 버터	[bʌ́tər]	b ㅂ	ʌ ㅓ	t ㅌ	ər 얼	❸

정답 ❶ [워ː털] ❷ [타이걸] ❸ [버털]

발음 058

🔍 턱을 아래로 내리고 길게 '오' 소리를 내면서 혀끝을 안쪽으로 말아 올리며 [오ː얼]처럼 발음합니다.

소리 익히기 ▶ [ɔːr]의 소리에 주의하면서 다음 단어를 읽어 보세요.

[dɔːr] 도ː얼

door 문

[stɔːr] 스토ː얼

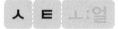

store 가게

[pɔːrk] 포ː얼크

pork 돼지고기

연습 하기 ▶ 발음 조합을 참고해서 다음 단어의 발음을 한글로 쓰고 읽어 보세요.

단어	발음기호	발음 조합			한글 발음
four 넷, 4	[fɔːr]	**f** ㅍ	**ɔːr** ㅗː얼		❶
short 키가 작은, 짧은	[ʃɔːt]	**ʃ** 쉬	**ɔːr** ㅗː얼	**t** ㅌ	❷
bored 지루해하는	[bɔːrd]	**b** ㅂ	**ɔːr** ㅗː얼	**d** ㄷ	❸

정답 ❶ [포ː얼] ❷ [쇼ː얼트] ❸ [보ː얼드]

[ɑːr]/[əːr]/[ər]/[ɔːr]

A 다음 발음기호의 알맞은 소리를 [보기]에서 찾아 써 보세요.

> 보기   아ː알   어ː얼   얼   오ː얼

1 [ɔːr] _____

2 [əːr] _____

3 [ər] _____

4 [ɑːr] _____

B 다음 단어를 보고 빈칸에 알맞은 발음기호를 써 보세요.

1 river   [ríːv [   ]]

2 star   [st [   ]]

3 pork   [p [   ] k]

4 word   [w [   ] d]

C 다음 단어의 알맞은 발음기호를 [보기]에서 찾아 써 보세요.

> 보기   [bɔːrd]   [skəːrt]   [táigər]

1 skirt

[_____]

2 tiger

[_____]

3 bored

[_____]

D ⓐ, ⓑ 중에 다음 한글 발음에 해당하는 발음기호를 골라 보세요.

1 스토ː얼   ⓐ [stɔːr]   ⓑ [stɑːr]

2 닥털   ⓐ [dáktɔːr]   ⓑ [dáktər]

3 아ː알트   ⓐ [ɔːrt]   ⓑ [ɑːrt]

4 어ː얼뜨   ⓐ [əːrθ]   ⓑ [ɑːrθ]

E 다음을 듣고 ⓐ, ⓑ 중에 알맞은 발음기호를 골라 보세요.

1    ⓐ [kɔːr]   ⓑ [kɑːr]

2   ⓐ [fɔːr]   ⓑ [fɑːr]

3   ⓐ [nəːrs]   ⓑ [nɔːrs]

4    ⓐ [bʌtɔːr]   ⓑ [bʌtər]

이야기로 맞음기호 익히기   민호는 자기가 아끼는 새 **car**[kɑːr]의 **door**[dɔːr] 쪽에 있던 **dirty**[dəːrti]한 낙서를 **water**[wɔːtər]로 깨끗하게 지웠습니다.

20 [ɛər] 에얼

발음 060

🔍 입을 작게 벌려 '에' 소리를 내면서 혀끝을 안쪽으로 말아 올려 [에얼]처럼 발음합니다.

소리 익히기 [ɛər]의 소리에 주의하면서 다음 단어를 읽어 보세요.

[ɛər] 에얼

| 에얼 |

air 공기, 대기

[bɛər] 베얼

| ㅂ | ㅔ얼 |

bear 곰

[ʃɛər] 쉐얼

| 쉬 | ㅔ얼 |

share 나누다, 공유하다

연습 하기 발음 조합을 참고해서 다음 단어의 발음을 한글로 쓰고 읽어 보세요.

단어	발음기호	발음 조합		한글 발음
chair 의자	[tʃɛər]	tʃ 취	ɛər ㅔ얼	❶
hair 머리카락	[hɛər]	h ㅎ	ɛər ㅔ얼	❷
scare 겁주다	[skɛər]	s ㅅ　k ㅋ	ɛər ㅔ얼	❸

정답 ❶ [췌얼] ❷ [헤얼] ❸ [스케얼]

🔍 '이' 소리를 내면서 혀끝을 안쪽으로 말아 올려 [이얼]처럼 발음합니다.

 소리 익히기 | [iər]의 소리에 주의하면서 다음 단어를 읽어 보세요.

[hiər] 히얼
ㅎ | 얼
hear 듣다, 들리다

[diər] 디얼
ㄷ | 얼
deer 사슴

[biərd] 비얼드
ㅂ | 얼 ㄷ
beard 턱수염

 연습 하기 | 발음 조합을 참고해서 다음 단어의 발음을 한글로 쓰고 읽어 보세요.

단어	발음기호	발음 조합			한글 발음
beer 맥주	[biər]	b ㅂ		iər l 얼	❶
tear 눈물	[tiər]	t ㅌ		iər l 얼	❷
clear (날씨가) 맑은	[kliər]	k ㅋ	l (을)ㄹ	iər l 얼	❸

정답 ❶ [비얼] ❷ [티얼] ❸ [클리얼]

🔍 '우' 소리를 내다가 혀끝을 안쪽으로 말아 올려 [우얼]처럼 발음합니다. 앞에 [j]가 붙은 [juər]은 [유얼]처럼 발음합니다.

소리 익히기 [uər]의 소리에 주의하면서 다음 단어를 읽어 보세요.

[tuər] 투얼

ㅌ ㅜ얼

tour 관광, 여행

[kjuər] 큐얼

ㅋ 이 ㅜ얼

cure 치료하다, 치료법

[luər] (을)루얼

(을)ㄹ ㅜ얼

lure 미끼

연습 하기 발음 조합을 참고해서 다음 단어의 발음을 한글로 쓰고 읽어 보세요.

단어	발음기호	발음 조합			한글 발음
poor 가난한	[puər]	p ㅍ		uər ㅜ얼	❶
pure 순수한	[pjuər]	p ㅍ	j 이	uər ㅜ얼	❷
mature 성숙한	[mətʃúər]	m ㅁ	ə ㅓ	tʃ uər 취 ㅜ얼	❸

정답 ❶ [푸얼] ❷ [퓨얼] ❸ [머츄얼]

90

🔍 [aiər]과 [auər]은 하나의 소리를 발음하듯 한 번에 [아이얼], [아우얼]처럼 이어서 발음합니다.

소리 익히기

[aiər/auər]의 소리에 주의하면서 다음 단어를 읽어 보세요.

[faiər] 파이얼

| ㅍ | ㅏ 이얼 |

fire 불, 화재

[auər] 아우얼

| 아우얼 |

hour 시간, 한 시간

연습 하기

발음 조합을 참고해서 다음 단어의 발음을 한글로 쓰고 읽어 보세요.

단어	발음기호	발음 조합			한글 발음
hire 고용하다	[haiər]	**h** ㅎ		**aiər** ㅏ 이얼	❶
sour 신, 시큼한	[sauər]	**s** ㅆ		**auər** ㅏ 우얼	❷
flour 밀가루	[flauər]	**f** ㅍ	**l** (을)ㄹ	**auər** ㅏ 우얼	❸

정답 ❶ [하이얼] ❷ [싸우얼] ❸ [플라우얼]

A 다음 발음기호의 알맞은 소리를 [보기]에서 찾아 써 보세요.

보기	에얼	이얼	아이얼	우얼

1 [uər] _____

2 [aiər] _____

3 [iər] _____

4 [ɛər] _____

B 다음 단어를 보고 빈칸에 알맞은 발음기호를 써 보세요.

1 hour [☐]

2 hair [h ☐]

3 beard [b ☐ d]

4 cure [kj ☐]

C 다음 단어의 알맞은 발음기호를 [보기]에서 찾아 써 보세요.

보기	[t∫ɛər]	[tiər]	[puər]

1 tear

_____

2 chair

_____

3 poor

_____

D ⓐ, ⓑ 중에 다음 한글 발음에 해당하는 발음기호를 골라 보세요.

1 베얼   ⓐ [bɛər]   ⓑ [biər]

2 퓨얼   ⓐ [puər]   ⓑ [pjuər]

3 디얼   ⓐ [diər]   ⓑ [dɛər]

4 하이얼   ⓐ [hauər]   ⓑ [haiər]

E 다음을 듣고 ⓐ, ⓑ 중에 알맞은 발음기호를 골라 보세요.

1   ⓐ [tɛər]   ⓑ [tuər]

2   ⓐ [skɛər]   ⓑ [skuər]

3   ⓐ [flauər]   ⓑ [flaiər]

4   ⓐ [biər]   ⓑ [buər]

이야기로 발음기호 익히기 우리 가족은 제주도 tour [tuər]에서 sour [sauər]한 귤을 먹고 clear [kliər]한 하늘을 바라보며 신선한 air [ɛər]을 즐겼습니다.

영단어의 실제
발음과 함께 문장도
익혀 보세요.

PART 3

생활 속
영단어
발음기호

발음 065

▶ 발음기호를 보고 단어의 발음을 익혀 보세요.

mango
망고

[mǽŋgou]
맹고우

ㅁ ㅐ ㅇ ㄱ ㅗ우

persimmon
감

[pərsímən]
펄씨먼

ㅍ 얼 ㅆ ㅣ ㅁ ㅓ ㄴ

melon
멜론

[mélən]
멜런

ㅁ ㅔ (을)ㄹ ㅓ ㄴ

apricot
살구

[ǽprikὰt]
애프리캍

애 ㅍ ㄹ ㅣ ㅋ ㅏ ㅌ

orange
오렌지

[ɔ́ːrindʒ]
오:린쥐

오: ㄹ ㅣ ㄴ 쥐

발음기호를 보고 문장을 읽어 보세요.

이것은 ~입니다.

This is a[an] [   ].
ðis   iz   ə[ən]
디스   이즈   어[언]

---

1 This is a mango. 이것은 망고입니다.
   ðis iz ə mæŋgou

2 This is a persimmon. 이것은 감입니다.
   ðis iz ə   pərsímən

3 This is a melon. 이것은 멜론입니다.
   ðis iz ə mélən

4 This is an apricot. 이것은 살구입니다.
   ðis iz ən ǽprikὰt

5 This is an orange. 이것은 오렌지입니다.
   ðis iz ən ɔ́ːrindʒ

▶ 발음기호를 보고 단어의 발음을 익혀 보세요.

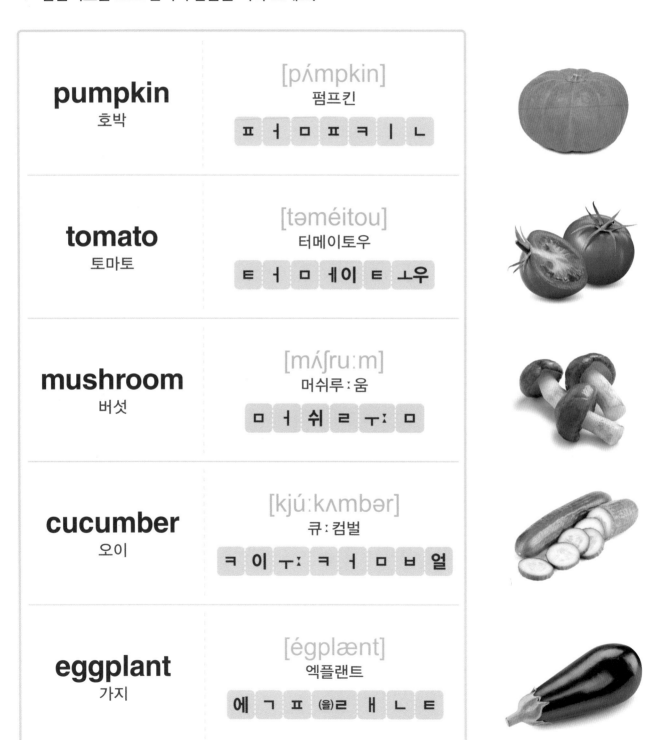

pumpkin
호박

[pʌ́mpkin]
펌프킨

ㅍ ㅓ ㅁ ㅍ ㅋ ㅣ ㄴ

tomato
토마토

[təméitou]
터메이토우

ㅌ ㅓ ㅁ ㅔ이 ㅌ ㅗ우

mushroom
버섯

[mʌ́ʃruːm]
머쉬루ː움

ㅁ ㅓ 쉬 ㄹ ㅜː ㅁ

cucumber
오이

[kjúːkʌmbər]
큐ː컴벌

ㅋ ㅣ우ː ㅋ ㅓ ㅁ ㅂ 얼

eggplant
가지

[égplænt]
엑플랜트

에 ㄱ ㅍ (을)ㄹ ㅐ ㄴ ㅌ

저것은 ～입니다.

That is a[an] _____.
ðæt iz ə[ən]
댙 이즈 어[언]

1 That is a pumpkin. 저것은 호박입니다.
ðæt iz ə pʌ́mpkin

2 That is a tomato. 저것은 토마토입니다.
ðæt iz ə təméitou

3 That is a mushroom. 저것은 버섯입니다.
ðæt iz ə mʌ́ʃruːm

4 That is a cucumber. 저것은 오이입니다.
ðæt iz ə kjúːkʌmbər

5 That is an eggplant. 저것은 가지입니다.
ðæt iz ən égplænt

발음 067

▶ 발음기호를 보고 단어의 발음을 익혀 보세요.

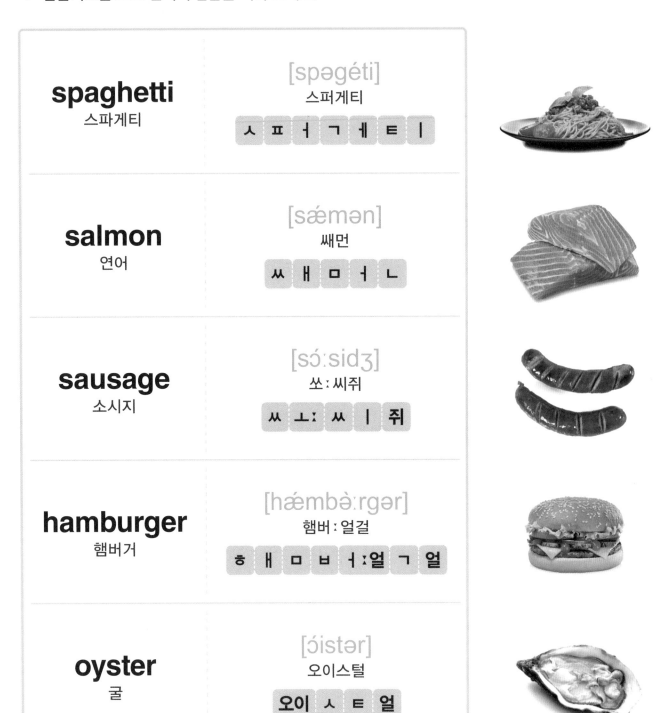

spaghetti
스파게티

[spəgéti]
스퍼게티

ㅅ ㅍ ㅓ ㄱ ㅔ ㅌ ㅣ

salmon
연어

[sǽmən]
쌔먼

ㅆ ㅐ ㅁ ㅓ ㄴ

sausage
소시지

[sɔ́ːsidʒ]
쏘ː씨쥐

ㅆ ㅗː ㅆ ㅣ 쥐

hamburger
햄버거

[hǽmbə̀ːrgər]
햄버ː얼걸

ㅎ ㅐ ㅁ ㅂ ㅓː얼 ㄱ 얼

oyster
굴

[ɔ́istər]
오이스털

오이 ㅅ ㅌ 얼

그것은 ~입니다.

It is (a[an]) _____.
it iz ə[ən]
일 이즈 어[언]

1 It is spaghetti. 그것은 스파게티입니다.
it iz spəgéti

2 It is salmon. 그것은 연어입니다.
it iz sæmən

3 It is a sausage. 그것은 소시지입니다.
it iz ə sɔ́ːsidʒ

4 It is a hamburger. 그것은 햄버거입니다.
it iz ə hǽmbə̀ːrgər

5 It is an oyster. 그것은 굴입니다.
it iz ən ɔ́istər

▶ 발음기호를 보고 단어의 발음을 익혀 보세요.

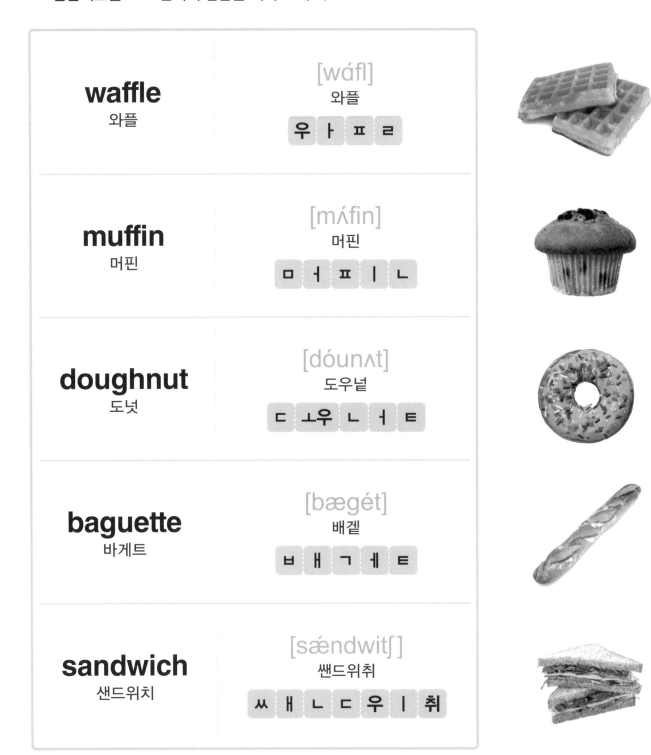

waffle
와플

[wάfl]
와플

우 ㅏ ㅍ ㄹ

muffin
머핀

[mΛfin]
머핀

ㅁ ㅓ ㅍ ㅣ ㄴ

doughnut
도넛

[dóunΛt]
도우넡

ㄷ ㅗ우 ㄴ ㅓ ㅌ

baguette
바게트

[bægét]
배겥

ㅂ ㅐ ㄱ ㅔ ㅌ

sandwich
샌드위치

[sǽndwitʃ]
쌘드위취

ㅆ ㅐ ㄴ ㄷ 우 ㅣ 취

그것은 ~인가요?

Is it a [   ]**?**
iz   it   ə
이즈 잍 어

1 **Is it a waffle?** 그것은 와플인가요?
iz   it   ə   wɑ́fl

2 **Is it a muffin?** 그것은 머핀인가요?
iz   it   ə   mʌ́fin

3 **Is it a doughnut?** 그것은 도넛인가요?
iz   it   ə   dóunʌt

4 **Is it a baguette?** 그것은 바게트인가요?
iz   it   ə   bægét

5 **Is it a sandwich?** 그것은 샌드위치인가요?
iz   it   ə   sǽndwitʃ

103

▶ 발음기호를 보고 단어의 발음을 익혀 보세요.

sugar
설탕

[ʃúgər]
슈걸

쉬 ㅜ ㄱ 얼

pepper
후추

[pépər]
페펄

ㅍ ㅔ ㅍ 얼

ketchup
케첩

[kétʃəp]
케춮

ㅋ ㅔ 취 ㅓ ㅍ

vinegar
식초

[vínigər]
비니걸

ㅂ ㅣ ㄴ ㅣ ㄱ 얼

mayonnaise
마요네즈

[mèiənéiz]
메이어네이즈

ㅁ ㅔ이 어 ㄴ ㅔ이 ㅈ

전 ~을 좀 원합니다.

I want some ┌─────────┐ **.**

ai want səm
아이 완트 썸

1 I want some sugar. 전 설탕을 좀 원합니다.
ai want səm ʃúgər

2 I want some pepper. 전 후추를 좀 원합니다.
ai want səm pépər

3 I want some ketchup. 전 케첩을 좀 원합니다.
ai want səm kétʃəp

4 I want some vinegar. 전 식초를 좀 원합니다.
ai want səm vínigər

5 I want some mayonnaise. 전 마요네즈를 좀 원합니다.
ai want səm mèiənéiz

집 안의 물건

▶ 발음기호를 보고 단어의 발음을 익혀 보세요.

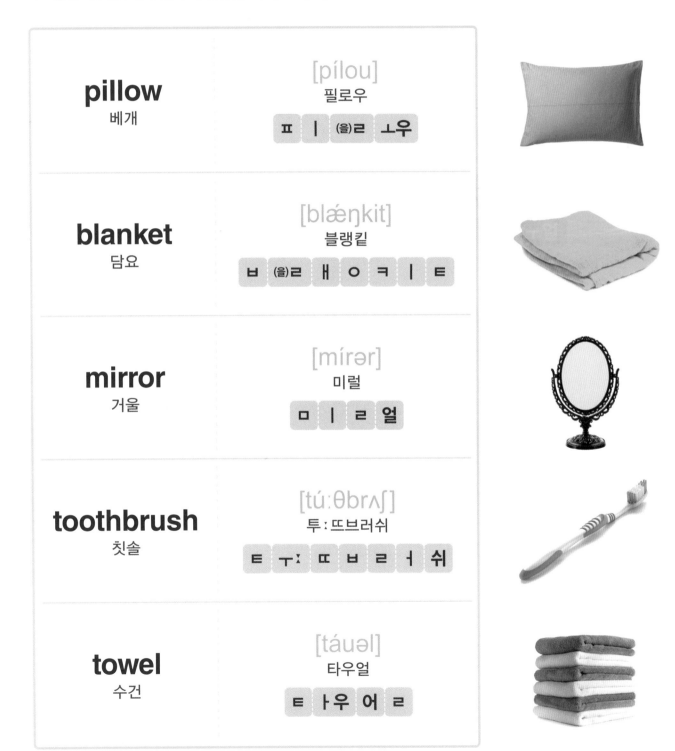

pillow
베개

[pílou]
필로우

| ㅍ | ㅣ | (을)ㄹ | ㅗ우 |

blanket
담요

[blǽŋkit]
블랭킽

| ㅂ | (을)ㄹ | ㅐ | ㅇ | ㅋ | ㅣ | ㅌ |

mirror
거울

[mírər]
미럴

| ㅁ | ㅣ | ㄹ | 얼 |

toothbrush
칫솔

[túːθbrʌʃ]
투ː뜨브러쉬

| ㅌ | ㅜ | ㄸ | ㅂ | ㄹ | ㅓ | 쉬 |

towel
수건

[táuəl]
타우얼

| ㅌ | ㅏ | 우 | 어 | ㄹ |

전 ~이 필요합니다.

I need a ⬚⬚⬚⬚⬚⬚**.**
ai niːd ə
아이 니ː드 어

1 I need a pillow. 전 베개가 필요합니다.
ai niːd ə pílou

2 I need a blanket. 전 담요가 필요합니다.
ai niːd ə blǽŋkit

3 I need a mirror. 전 거울이 필요합니다.
ai niːd ə mírər

4 I need a toothbrush. 전 칫솔이 필요합니다.
ai niːd ə túːθbrʌʃ

5 I need a towel. 전 수건이 필요합니다.
ai niːd ə táuəl

▶ 발음기호를 보고 단어의 발음을 익혀 보세요.

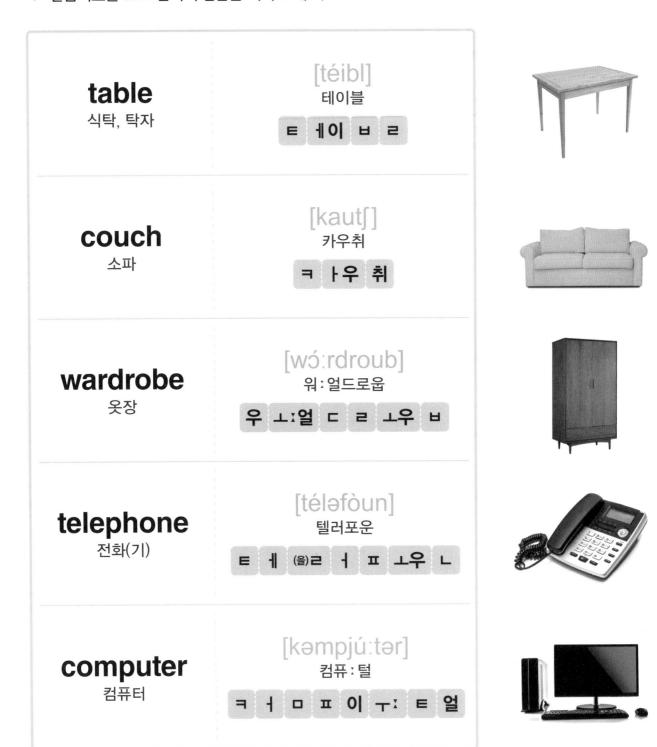

table
식탁, 탁자

[téibl]
테이블

ㅌ ㅔ이 ㅂ ㄹ

couch
소파

[kautʃ]
카우취

ㅋ ㅏ우 취

wardrobe
옷장

[wɔ́ːrdroub]
워ː얼드로웁

우 ㅗː얼 ㄷ ㄹ ㅗ우 ㅂ

telephone
전화(기)

[téləfòun]
텔러포운

ㅌ ㅔ (을)ㄹ ㅓ ㅍ ㅗ우 ㄴ

computer
컴퓨터

[kəmpjúːtər]
컴퓨ː털

ㅋ ㅓ ㅁ ㅍ 이 ㅜː ㅌ 얼

108

~이 필요하세요?

Do you need a ⎡⎺⎺⎺⎺⎺⎺⎤**?**

du   ju   niːd   ə
두   유   니ː드   어

1 Do you need a table?   식탁이 필요하세요?
du   ju   niːd   ə   téibl

2 Do you need a couch?   소파가 필요하세요?
du   ju   niːd   ə   kautʃ

3 Do you need a wardrobe?   옷장이 필요하세요?
du   ju   niːd   ə   wɔ́ːrdroub

4 Do you need a telephone?   전화(기)가 필요하세요?
du   ju   niːd   ə   téləfòun

5 Do you need a computer?   컴퓨터가 필요하세요?
du   ju   niːd   ə   kəmpjúːtər

발음 072

▶ 발음기호를 보고 단어의 발음을 익혀 보세요.

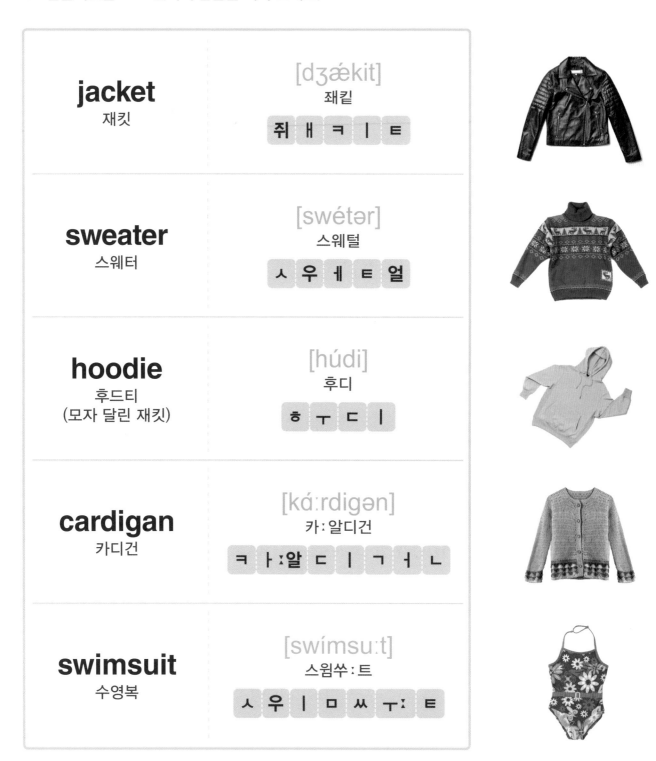

jacket
재킷

[dʒǽkit]
좌킽
쥐 ㅐ ㅋ ㅣ ㅌ

sweater
스웨터

[swétər]
스웨털
ㅅ 우 ㅔ ㅌ 얼

hoodie
후드티
(모자 달린 재킷)

[húdi]
후디
ㅎ ㅜ ㄷ ㅣ

cardigan
카디건

[kάːrdigən]
카ː알디건
ㅋ ㅏː 알 ㄷ ㅣ ㄱ ㅓ ㄴ

swimsuit
수영복

[swímsuːt]
스윔쑤ː트
ㅅ 우 ㅣ ㅁ ㅆ ㅜ ㅌ

전 ~을 찾고 있습니다.

I'm looking for a ⌐──────┐.

aim   lúkiŋ   fɔːr   ə

아임   루킹   포ː얼   어

---

1 I'm looking for a jacket. 전 재킷을 찾고 있습니다.

aim   lúkiŋ   fɔːr ə dʒǽkit

---

2 I'm looking for a sweater. 전 스웨터를 찾고 있습니다.

aim   lúkiŋ   fɔːr ə swétər

---

3 I'm looking for a hoodie. 전 후드티를 찾고 있습니다.

aim   lúkiŋ   fɔːr ə húdi

---

4 I'm looking for a cardigan. 전 카디건을 찾고 있습니다.

aim   lúkiŋ   fɔːr ə kάːrdigən

---

5 I'm looking for a swimsuit. 전 수영복을 찾고 있습니다.

aim   lúkiŋ   fɔːr ə swímsuːt

액세서리

▶ 발음기호를 보고 단어의 발음을 익혀 보세요.

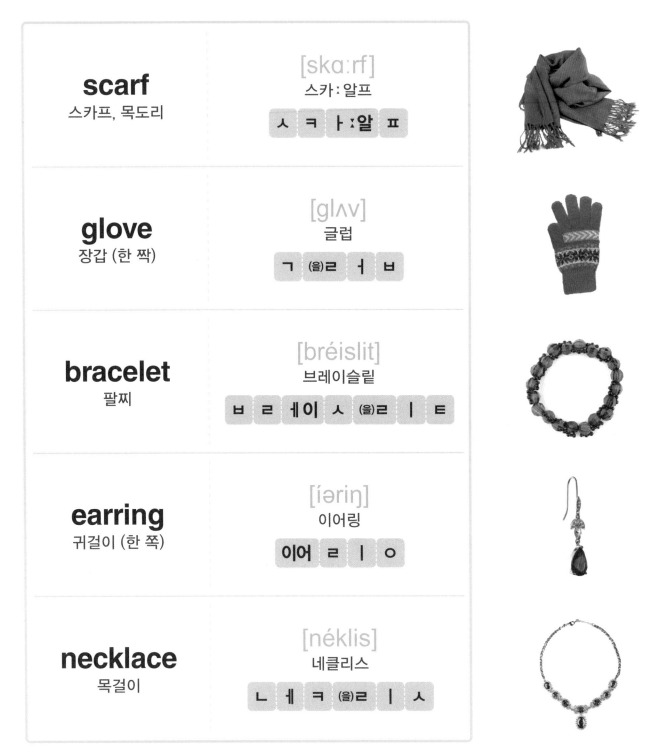

scarf
스카프, 목도리

[skɑ:rf]
스카ː알프

ㅅ ㅋ ㅏː알 ㅍ

glove
장갑 (한 짝)

[glʌv]
글럽

ㄱ (을)ㄹ ㅓ ㅂ

bracelet
팔찌

[bréislit]
브레이슬릍

ㅂ ㄹ ㅔ이 ㅅ (을)ㄹ ㅣ ㅌ

earring
귀걸이 (한 쪽)

[íərin]
이어링

이어 ㄹ ㅣ ㅇ

necklace
목걸이

[néklis]
네클리스

ㄴ ㅔ ㅋ (을)ㄹ ㅣ ㅅ

이것은 제 ~입니다.

This is my [＿＿＿＿＿].

ðis iz mai
디스 이즈 마이

1 This is my scarf. 이것은 제 스카프입니다.
  ðis iz mai skɑːrf

2 This is my glove. 이것은 제 장갑입니다.
  ðis iz mai glʌv

3 This is my bracelet. 이것은 제 팔찌입니다.
  ðis iz mai bréislit

4 This is my earring. 이것은 제 귀걸이입니다.
  ðis iz mai íəriŋ

5 This is my necklace. 이것은 제 목걸이입니다.
  ðis iz mai néklis

▶ 발음기호를 보고 단어의 발음을 익혀 보세요.

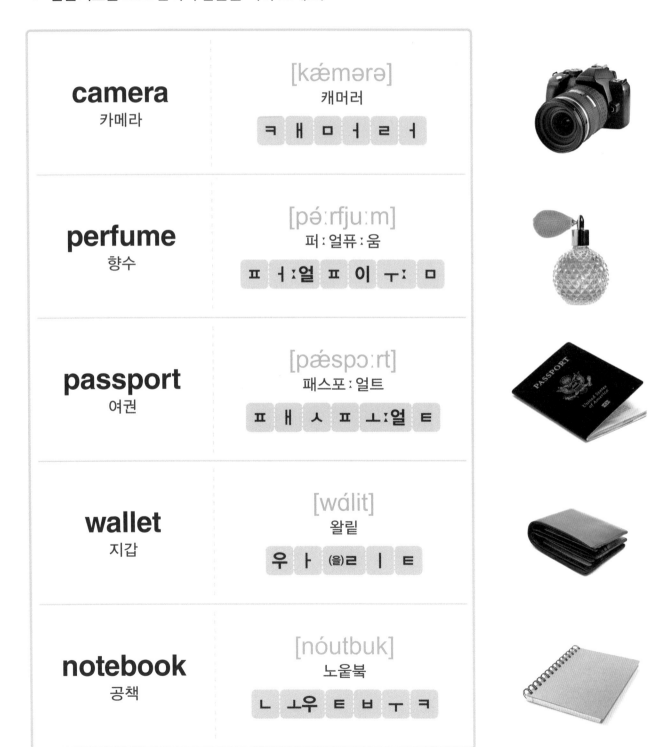

camera
카메라

[kǽmərə]
캐머러

ㅋ ㅐ ㅁ ㅓ ㄹ ㅓ

perfume
향수

[pə́ːrfjuːm]
퍼ː얼퓨ː움

ㅍ ㅓː얼 ㅍ 이 ㅜː ㅁ

passport
여권

[pǽspɔːrt]
패스포ː얼트

ㅍ ㅐ ㅅ ㅍ ㅗː얼 ㅌ

wallet
지갑

[wɑ́lit]
왈맅

우 ㅏ (을)ㄹ ㅣ ㅌ

notebook
공책

[nóutbuk]
노웉북

ㄴ ㅗ우 ㅌ ㅂ ㅜ ㅋ

이것은 당신의 ~인가요?

Is this your 　　　　　?
iz　ðis　juər
이즈　디스　유얼

1 Is this your camera? 이것은 당신의 카메라인가요?
iz　ðis　juər　kǽmərə

2 Is this your perfume? 이것은 당신의 향수인가요?
iz　ðis　juər　pə́ːrfjuːm

3 Is this your passport? 이것은 당신의 여권인가요?
iz　ðis　juər　pǽspɔːrt

4 Is this your wallet? 이것은 당신의 지갑인가요?
iz　ðis　juər　wάlit

5 Is this your notebook? 이것은 당신의 공책인가요?
iz　ðis　juər　nóutbuk

발음 075

▶ 발음기호를 보고 단어의 발음을 익혀 보세요.

bandage
붕대

[bǽndidʒ]
밴디쥐

ㅂ ㅐ ㄴ ㄷ ㅣ 쥐

mask
마스크

[mǽsk]
매스크

ㅁ ㅐ ㅅ ㅋ

thermometer
체온계

[θərmámitər]
떨마미털

ㄸ 얼 ㅁ ㅏ ㅁ ㅣ ㅌ 얼

swab
면봉

[swɑb]
스왑

ㅅ 우 ㅏ ㅂ

ointment
연고

[ɔ́intmənt]
오인트먼트

오이 ㄴ ㅌ ㅁ ㅓ ㄴ ㅌ

전 ~을 갖고 있습니다.

I have a[an] _____.
ai hæv ə[ən]
아이 햅 어[언]

---

1 I have a bandage. 전 붕대를 갖고 있습니다.
ai hæv ə bǽndidʒ

2 I have a mask. 전 마스크를 갖고 있습니다.
ai hæv ə mæsk

3 I have a thermometer. 전 체온계를 갖고 있습니다.
ai hæv ə θərmámitər

4 I have a swab. 전 면봉을 갖고 있습니다.
ai hæv ə swɑb

5 I have an ointment. 전 연고를 갖고 있습니다.
ai hæv ən ɔ́intmənt

▶ 발음기호를 보고 단어의 발음을 익혀 보세요.

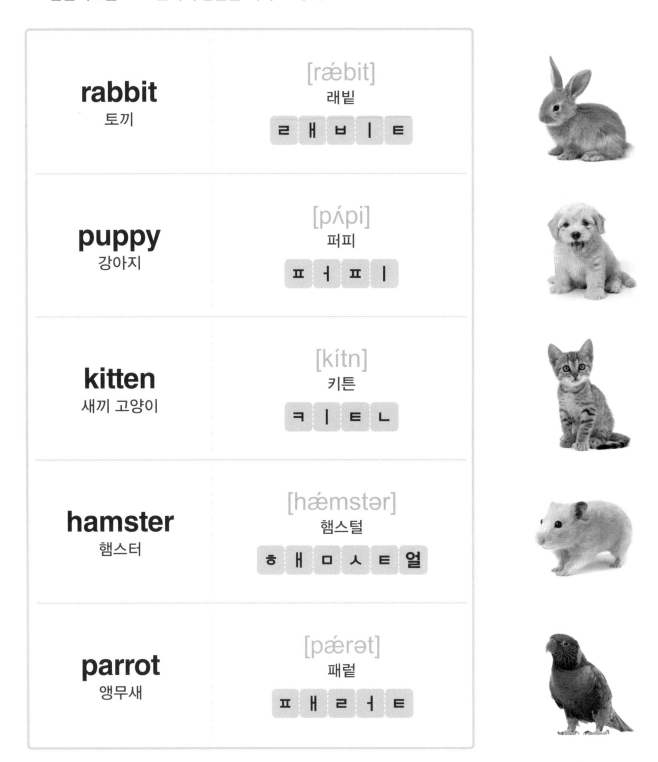

rabbit 토끼	[rǽbit] 래빝 ㄹ ㅐ ㅂ ㅣ ㅌ
puppy 강아지	[pʌ́pi] 퍼피 ㅍ ㅓ ㅍ ㅣ
kitten 새끼 고양이	[kítn] 키튼 ㅋ ㅣ ㅌ ㄴ
hamster 햄스터	[hǽmstər] 햄스털 ㅎ ㅐ ㅁ ㅅ ㅌ 얼
parrot 앵무새	[pǽrət] 패럳 ㅍ ㅐ ㄹ ㅓ ㅌ

당신은 ~을 갖고 있나요?

Do you have a ⬚?
du   ju   hæv   ə
두   유   햅   어

1 Do you have a rabbit? 당신은 토끼를 갖고 있나요?
du   ju   hæv   ə   ræbit

2 Do you have a puppy? 당신은 강아지를 갖고 있나요?
du   ju   hæv   ə   pʌpi

3 Do you have a kitten? 당신은 새끼 고양이를 갖고 있나요?
du   ju   hæv   ə   kítn

4 Do you have a hamster? 당신은 햄스터를 갖고 있나요?
du   ju   hæv   ə   hǽmstər

5 Do you have a parrot? 당신은 앵무새를 갖고 있나요?
du   ju   hæv   ə   pǽrət

▶ 발음기호를 보고 단어의 발음을 익혀 보세요.

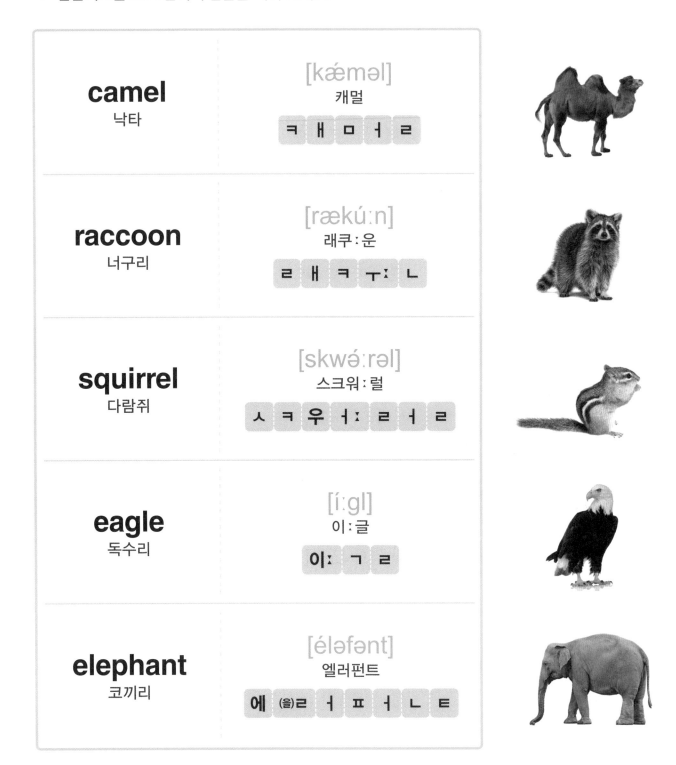

camel
낙타

[kǽməl]
캐멀

ㅋ ㅐ ㅁ ㅓ ㄹ

raccoon
너구리

[rækúːn]
래쿠ː운

ㄹ ㅐ ㅋ ㅜː ㄴ

squirrel
다람쥐

[skwéːrəl]
스크워ː럴

ㅅ ㅋ 우 ㅓː ㄹ ㅓ ㄹ

eagle
독수리

[íːgl]
이ː글

이ː ㄱ ㄹ

elephant
코끼리

[éləfənt]
엘러펀트

에 (을)ㄹ ㅓ ㅍ ㅓ ㄴ ㅌ

전 ~을 봤습니다.

I saw a[an] ⬚.
ai   sɔ: ə[ən]
아이 쏘: 어[언]

1 I saw a camel. 전 낙타를 봤습니다.
ai sɔ: ə kǽməl

2 I saw a raccoon. 전 너구리를 봤습니다.
ai sɔ: ə rækúːn

3 I saw a squirrel. 전 다람쥐를 봤습니다.
ai sɔ: ə skwə́ːrəl

4 I saw an eagle. 전 독수리를 봤습니다.
ai sɔ: ən íːgl

5 I saw an elephant. 전 코끼리를 봤습니다.
ai sɔ: ən éləfənt

14 바다생물

발음 078

▶ 발음기호를 보고 단어의 발음을 익혀 보세요.

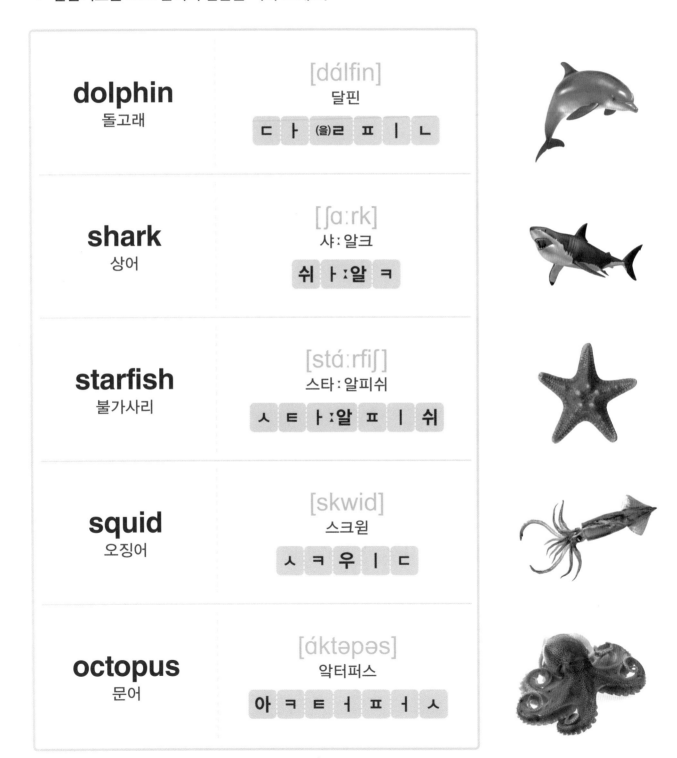

dolphin
돌고래

[dάlfin]
달핀

| ㄷ | ㅏ | (을)ㄹ | ㅍ | ㅣ | ㄴ |

shark
상어

[ʃɑːrk]
샤ː알크

| 쉬 | ㅏː | 알 | ㅋ |

starfish
불가사리

[stάːrfiʃ]
스타ː알피쉬

| ㅅ | ㅌ | ㅏː | 알 | ㅍ | ㅣ | 쉬 |

squid
오징어

[skwid]
스크윋

| ㅅ | ㅋ | 우 | ㅣ | ㄷ |

octopus
문어

[άktəpəs]
악터퍼스

| 아 | ㅋ | ㅌ | ㅓ | ㅍ | ㅓ | ㅅ |

발음기호를 보고 문장을 읽어 보세요.

당신은 ~을 봤나요?

Did you see a[an] ＿＿＿＿**?**
did　ju　si:　ə[ən]
딛　유　씨:　어[언]

1 Did you see a dolphin? 당신은 돌고래를 봤나요?
did　ju　si:　ə　dálfin

2 Did you see a shark? 당신은 상어를 봤나요?
did　ju　si:　ə　ʃɑ:rk

3 Did you see a starfish? 당신은 불가사리를 봤나요?
did　ju　si:　ə　stá:rfiʃ

4 Did you see a squid? 당신은 오징어를 봤나요?
did　ju　si:　ə　skwid

5 Did you see an octopus? 당신은 문어를 봤나요?
did　ju　si:　ən　áktəpəs

▶ 발음기호를 보고 단어의 발음을 익혀 보세요.

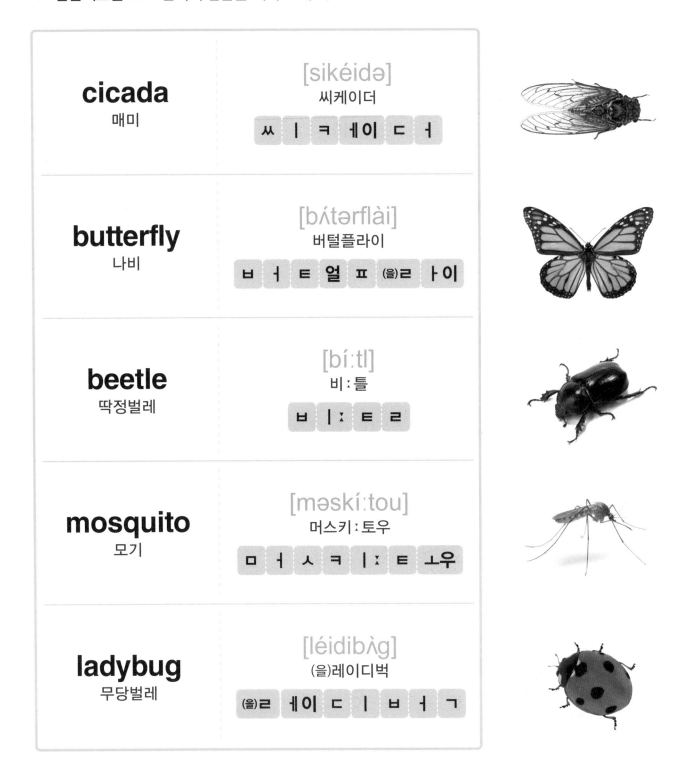

cicada 매미	[sikéidə] 씨케이더 ㅆ ㅣ ㅋ ㅔㅣ ㄷ ㅓ
butterfly 나비	[bʌ́tərflài] 버털플라이 ㅂ ㅓ ㅌ 얼 ㅍ (을)ㄹ ㅏ이
beetle 딱정벌레	[bíːtl] 비ː틀 ㅂ ㅣː ㅌ ㄹ
mosquito 모기	[məskíːtou] 머스키ː토우 ㅁ ㅓ ㅅ ㅋ ㅣː ㅌ ㅗ우
ladybug 무당벌레	[léidibʌ̀g] (을)레이디벅 (을)ㄹ ㅔㅣ ㄷ ㅣ ㅂ ㅓ ㄱ

124

발음기호를 보고 문장을 읽어 보세요.

~이 한 마리 있습니다.

There is a ☐ .
ðɛər   iz   ə
데얼   이즈   어

1 There is a cicada. 매미가 한 마리 있습니다.
ðɛər   iz   ə   sikéidə

2 There is a butterfly. 나비가 한 마리 있습니다.
ðɛər   iz   ə   bʌ́tərflài

3 There is a beetle. 딱정벌레가 한 마리 있습니다.
ðɛər   iz   ə   bíːtl

4 There is a mosquito. 모기가 한 마리 있습니다.
ðɛər   iz   ə   məskíːtou

5 There is a ladybug. 무당벌레가 한 마리 있습니다.
ðɛər   iz   ə   léidibʌg

발음 080

▶ 발음기호를 보고 단어의 발음을 익혀 보세요.

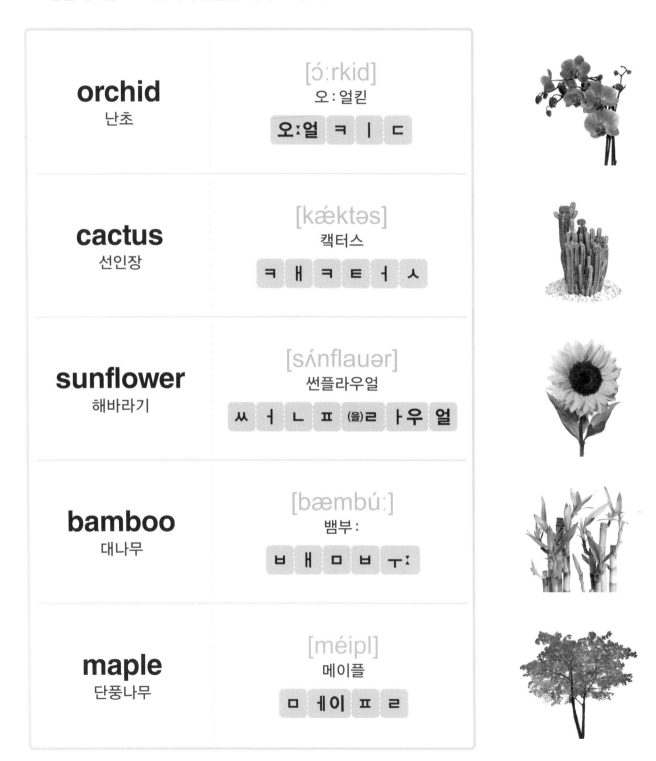

orchid
난초

[ɔ́ːrkid]
오ː얼킫

오ː얼 ㅋ ㅣ ㄷ

cactus
선인장

[kǽktəs]
캑터스

ㅋ ㅐ ㅋ ㅌ ㅓ ㅅ

sunflower
해바라기

[sʌ́nflauər]
썬플라우얼

ㅆ ㅓ ㄴ ㅍ (을)ㄹ ㅏ 우 얼

bamboo
대나무

[bæmbúː]
뱀부ː

ㅂ ㅐ ㅁ ㅂ ㅜː

maple
단풍나무

[méipl]
메이플

ㅁ ㅔ이 ㅍ ㄹ

저 ~을 보세요.

Look at that [＿＿＿＿＿].
luk　æt　ðæt
룩　앹　댙

1 Look at that orchid. 저 난초를 보세요.
luk　æt　ðæt　ɔ́:rkid

2 Look at that cactus. 저 선인장을 보세요.
luk　æt　ðæt　kǽktəs

3 Look at that sunflower. 저 해바라기를 보세요.
luk　æt　ðæt　sʌ́nflauər

4 Look at that bamboo. 저 대나무를 보세요.
luk　æt　ðæt　bæmbú:

5 Look at that maple. 저 단풍나무를 보세요.
luk　æt　ðæt　méipl

발음 081

▶ 발음기호를 보고 단어의 발음을 익혀 보세요.

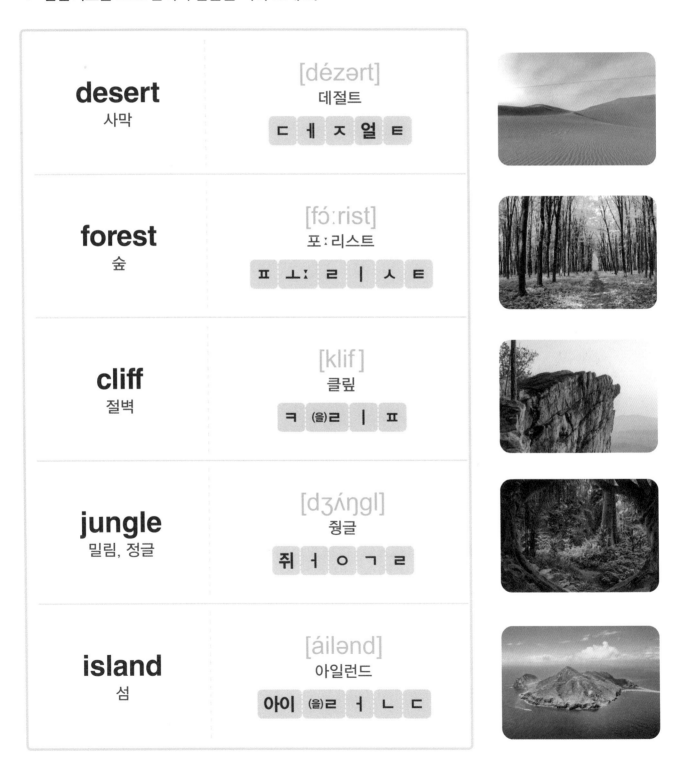

desert
사막

[dézərt]
데절트

ㄷ ㅔ ㅈ 얼 ㅌ

forest
숲

[fɔ́ːrist]
포ː리스트

ㅍ ㅗː ㄹ ㅣ ㅅ ㅌ

cliff
절벽

[klif]
클맆

ㅋ (을)ㄹ ㅣ ㅍ

jungle
밀림, 정글

[dʒʌ́ŋgl]
줭글

쥐 ㅓ ㅇ ㄱ ㄹ

island
섬

[áilənd]
아일런드

아이 (을)ㄹ ㄹ ㅓ ㄴ ㄷ

전 그 ～에 갈 것입니다.

I will go to the ☐.

ai   wil   gou   tu   ðə[ði]
아이 월   고우   투   더[디]

---

1   I will go to the desert. 전 그 사막에 갈 것입니다.
ai wil gou tu ðə dézərt

2   I will go to the forest. 전 그 숲에 갈 것입니다.
ai wil gou tu ðə fɔ́ːrist

3   I will go to the cliff. 전 그 절벽에 갈 것입니다.
ai wil gou tu ðə klif

4   I will go to the jungle. 전 그 밀림에 갈 것입니다.
ai wil gou tu ðə dʒʌ́ŋgl

5   I will go to the island. 전 그 섬에 갈 것입니다.
ai wil gou tu ði áilənd

▶ 발음기호를 보고 단어의 발음을 익혀 보세요.

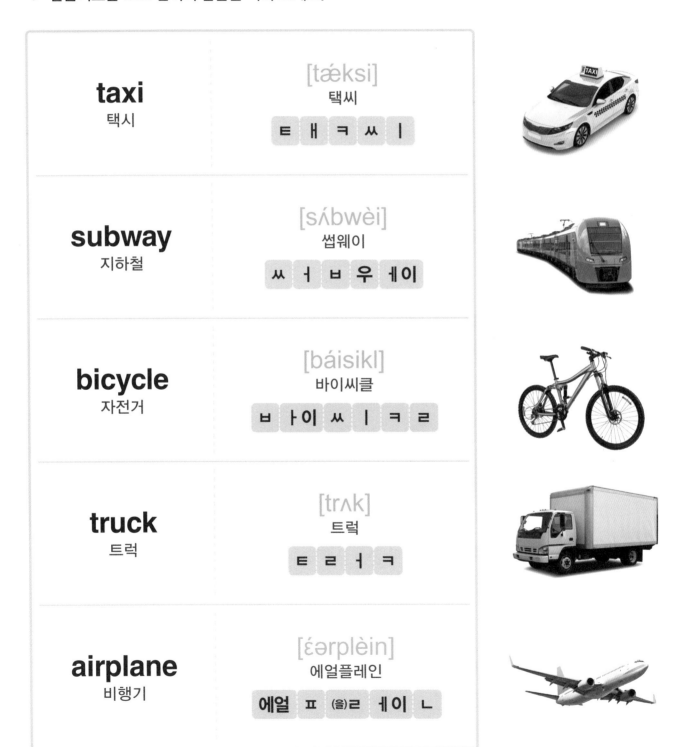

taxi 택시	[tǽksi] 택씨 ㅌ ㅐ ㅋ ㅆ ㅣ	
subway 지하철	[sʌ́bwèi] 썹웨이 ㅆ ㅓ ㅂ 우 ㅔ이	
bicycle 자전거	[báisikl] 바이씨클 ㅂ ㅏ이 ㅆ ㅣ ㅋ ㄹ	
truck 트럭	[trʌk] 트럭 ㅌ ㄹ ㅓ ㅋ	
airplane 비행기	[ɛ́ərplèin] 에얼플레인 에얼 ㅍ (을)ㄹ ㅔ이 ㄴ	

130

발음기호를 보고 문장을 읽어 보세요.

전 그곳에 ～을 타고 갑니다.

I go there by _____.
ai gou　　ðɛər　bai
아이 고우　　데얼　바이

1　I go there by taxi. 전 그곳에 택시를 타고 갑니다.
ai gou　ðɛər　bai　tæksi

2　I go there by subway. 전 그곳에 지하철을 타고 갑니다.
ai gou　ðɛər　bai　sʌ́bwèi

3　I go there by bicycle. 전 그곳에 자전거를 타고 갑니다.
ai gou　ðɛər　bai　báisikl

4　I go there by truck. 전 그곳에 트럭을 타고 갑니다.
ai gou　ðɛər　bai　trʌk

5　I go there by airplane. 전 그곳에 비행기를 타고 갑니다.
ai gou　ðɛər　bai　ɛ́ərplèin

▶ 발음기호를 보고 단어의 발음을 익혀 보세요.

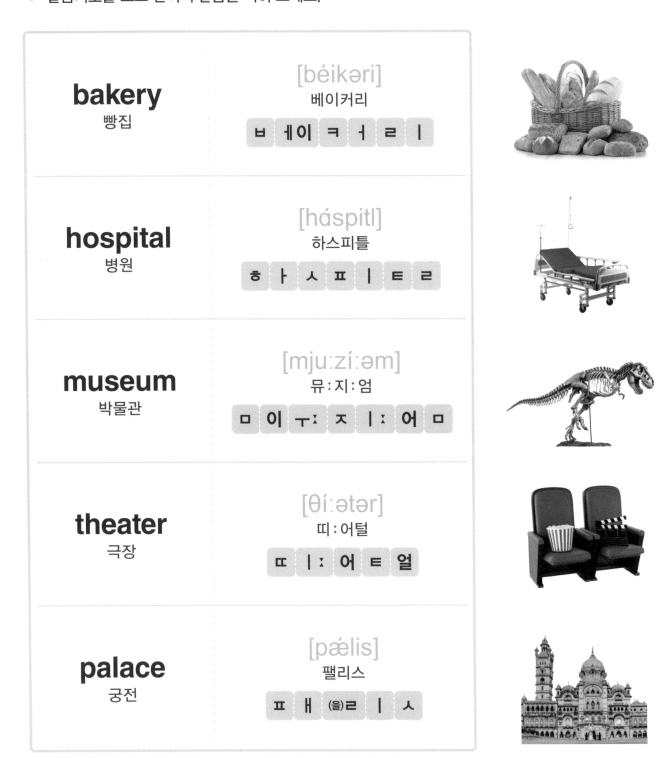

bakery
빵집

[béikəri]
베이커리

ㅂ ㅔㅣ ㅋ ㅓ ㄹ ㅣ

hospital
병원

[háspitl]
하스피틀

ㅎ ㅏ ㅅ ㅍ ㅣ ㅌ ㄹ

museum
박물관

[mjuːzíːəm]
뮤ː지ː엄

ㅁ ㅣ ㅜː ㅈ ㅣː ㅓ ㅁ

theater
극장

[θíːətər]
띠ː어털

ㄸ ㅣː ㅓ ㅌ 얼

palace
궁전

[pǽlis]
팰리스

ㅍ ㅐ (을)ㄹ ㅣ ㅅ

그 ~은 어디에 있습니까?

Where is the [　　　　]**?**
wɛər　iz　ðə
웨얼　이즈　더

1 **Where is the** bakery**?**　그 빵집은 어디에 있습니까?
wɛər　iz　ðə　béikəri

2 **Where is the** hospital**?**　그 병원은 어디에 있습니까?
wɛər　iz　ðə　háspitl

3 **Where is the** museum**?**　그 박물관은 어디에 있습니까?
wɛər　iz　ðə　mjuːzíːəm

4 **Where is the** theater**?**　그 극장은 어디에 있습니까?
wɛər　iz　ðə　θíːətər

5 **Where is the** palace**?**　그 궁전은 어디에 있습니까?
wɛər　iz　ðə　pǽlis

발음 084

▶ 발음기호를 보고 단어의 발음을 익혀 보세요.

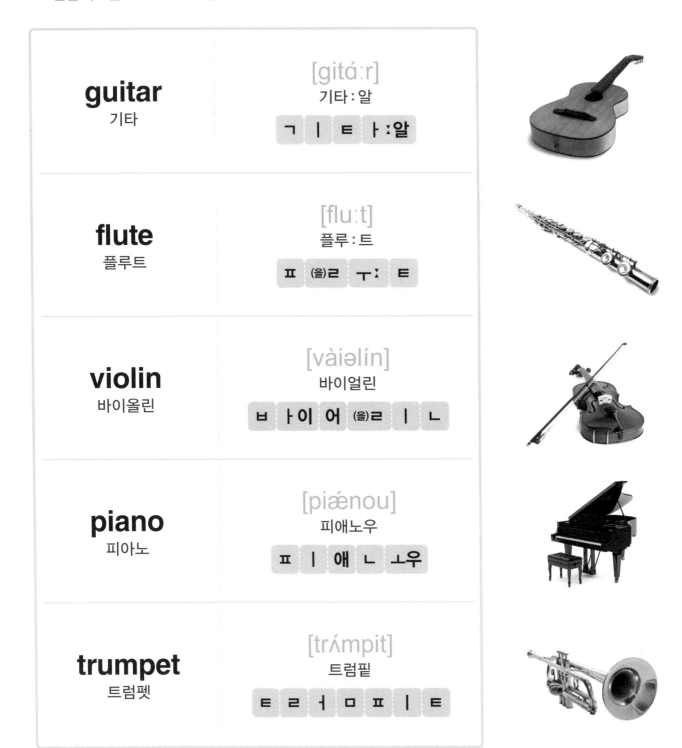

guitar
기타

[gitá:r]
기타:알

ㄱ ㅣ ㅌ ㅏ: 알

flute
플루트

[flu:t]
플루:트

ㅍ (을)ㄹ ㅜ: ㅌ

violin
바이올린

[vàiəlín]
바이얼린

ㅂ ㅏ 이 어 (을)ㄹ ㅣ ㄴ

piano
피아노

[piǽnou]
피애노우

ㅍ ㅣ 애 ㄴ ㅗ우

trumpet
트럼펫

[trʌ́mpit]
트럼핕

ㅌ ㄹ ㅓ ㅁ ㅍ ㅣ ㅌ

전 ~을 연주할 수 있습니다.

I can play the _____.

ai kæn   plei   ðə
아이 캔   플레이   더

1 I can play the guitar. 전 기타를 연주할 수 있습니다.
ai kæn plei   ðə   gitá:r

2 I can play the flute. 전 플루트를 연주할 수 있습니다.
ai kæn plei   ðə   flu:t

3 I can play the violin. 전 바이올린을 연주할 수 있습니다.
ai kæn plei   ðə   vàiəlín

4 I can play the piano. 전 피아노를 연주할 수 있습니다.
ai kæn plei   ðə   piǽnou

5 I can play the trumpet. 전 트럼펫을 연주할 수 있습니다.
ai kæn plei   ðə   trʌ́mpit

▶ 발음기호를 보고 단어의 발음을 익혀 보세요.

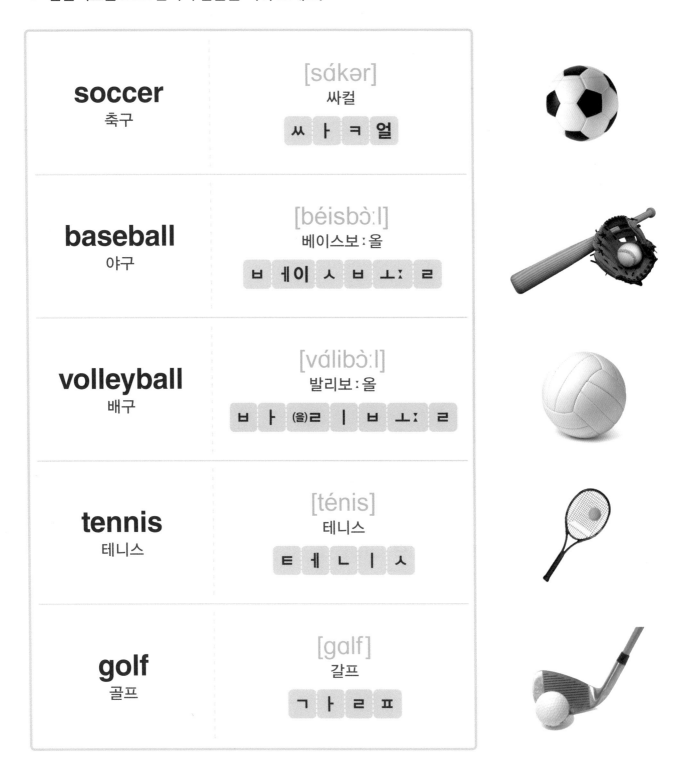

soccer
축구

[sákər]
싸컬

| ㅆ | ㅏ | ㅋ | 얼 |

baseball
야구

[béisbɔ̀ːl]
베이스보ː올

| ㅂ | 베이 | ㅅ | ㅂ | ㅗː | ㄹ |

volleyball
배구

[válibɔ̀ːl]
발리보ː올

| ㅂ | ㅏ | (올)ㄹ | ㅣ | ㅂ | ㅗː | ㄹ |

tennis
테니스

[ténis]
테니스

| ㅌ | ㅔ | ㄴ | ㅣ | ㅅ |

golf
골프

[gɑlf]
갈프

| ㄱ | ㅏ | ㄹ | ㅍ |

당신은 ~을 할[칠] 수 있나요?

Can you play ⬚?
kæn ju plei
캔 유 플레이

1 **Can you play soccer?** 당신은 축구를 할 수 있나요?
kæn ju plei sákər

2 **Can you play baseball?** 당신은 야구를 할 수 있나요?
kæn ju plei béisbɔ̀:l

3 **Can you play volleyball?** 당신은 배구를 할 수 있나요?
kæn ju plei válibɔ̀:l

4 **Can you play tennis?** 당신은 테니스를 칠 수 있나요?
kæn ju plei ténis

5 **Can you play golf?** 당신은 골프를 칠 수 있나요?
kæn ju plei gɑlf

발음 086

▶ 발음기호를 보고 단어의 발음을 익혀 보세요.

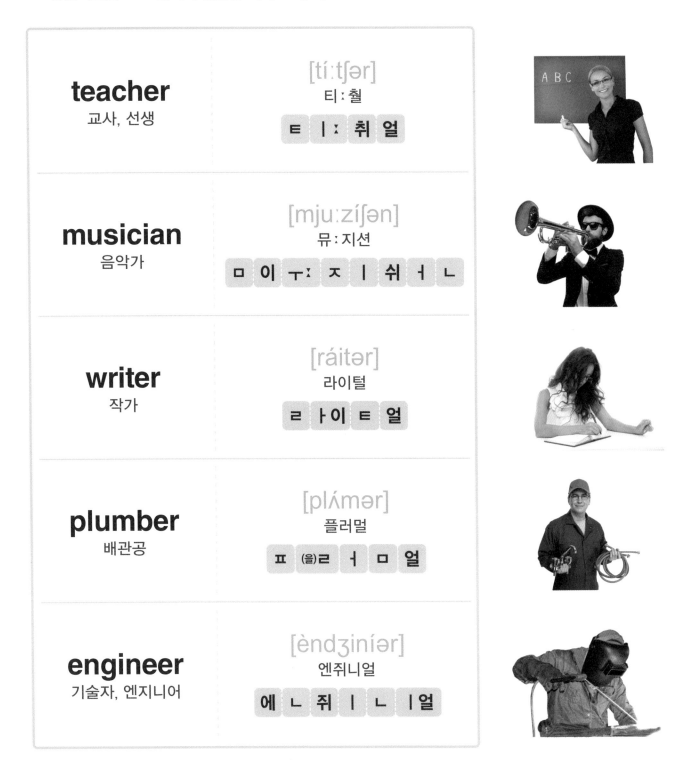

teacher
교사, 선생

[tíːtʃər]
티ː쳘

ㅌ ㅣ ː 취 얼

musician
음악가

[mjuːzíʃən]
뮤ː지션

ㅁ 이 ㅜ ː ㅈ ㅣ 쉬 ㅓ ㄴ

writer
작가

[ráitər]
라이털

ㄹ ㅏ이 ㅌ 얼

plumber
배관공

[plʌ́mər]
플러멀

ㅍ (을)ㄹ ㅓ ㅁ 얼

engineer
기술자, 엔지니어

[èndʒiníər]
엔쥐니얼

에 ㄴ 쥐 ㅣ ㄴ ㅣ얼

전 ~입니다.

I'm a[an] [_____].
aim   ə[ən]
아임   어[언]

1 I'm a teacher. 전 교사입니다.
aim ə   tíːtʃər

2 I'm a musician. 전 음악가입니다.
aim ə   mjuːzíʃən

3 I'm a writer. 전 작가입니다.
aim ə   ráitər

4 I'm a plumber. 전 배관공입니다.
aim ə   plʌ́mər

5 I'm an engineer. 전 기술자입니다.
aim ən   èndʒiníər

발음 087

▶ 발음기호를 보고 단어의 발음을 익혀 보세요.

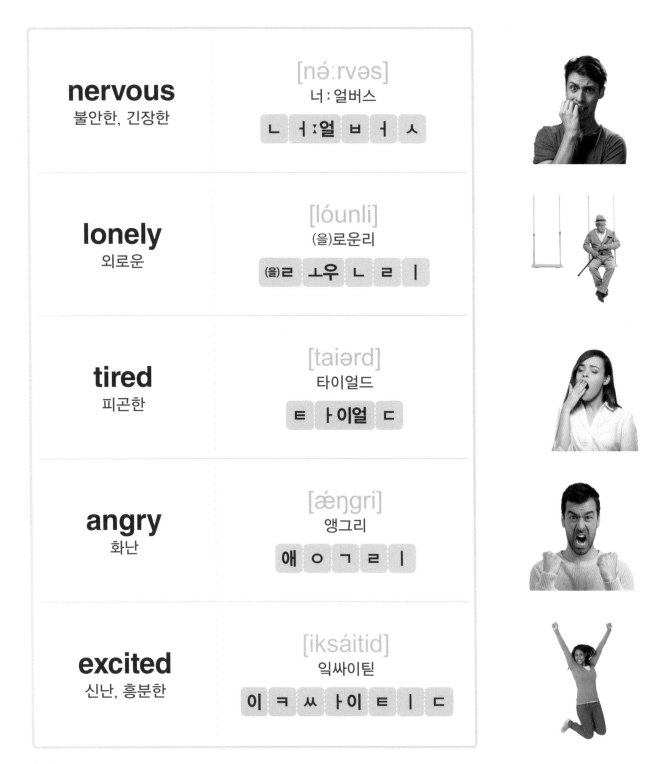

nervous
불안한, 긴장한

[néːrvəs]
너ː얼버스

ㄴ ㅓː얼 ㅂ ㅓ ㅅ

lonely
외로운

[lóunli]
(을)로운리

(을)ㄹ ㅗ우 ㄴ ㄹ ㅣ

tired
피곤한

[taiərd]
타이얼드

ㅌ ㅏ이얼 ㄷ

angry
화난

[æŋgri]
앵그리

애 ㅇ ㄱ ㄹ ㅣ

excited
신난, 흥분한

[iksáitid]
익싸이틷

이 ㅋ ㅆ ㅏ이 ㅌ ㅣ ㄷ

당신은 ~해 보입니다.

You look ⬚⬚⬚⬚⬚.
  ju   luk
  유   룩

1 **You look nervous.** 당신은 불안해 보입니다.
   ju   luk   né:rvəs

2 **You look lonely.** 당신은 외로워 보입니다.
   ju   luk   lóunli

3 **You look tired.** 당신은 피곤해 보입니다.
   ju   luk   taiərd

4 **You look angry.** 당신은 화나 보입니다.
   ju   luk   æŋgri

5 **You look excited.** 당신은 신나 보입니다.
   ju   luk   iksáitid

▶ 발음기호를 보고 단어의 발음을 익혀 보세요.

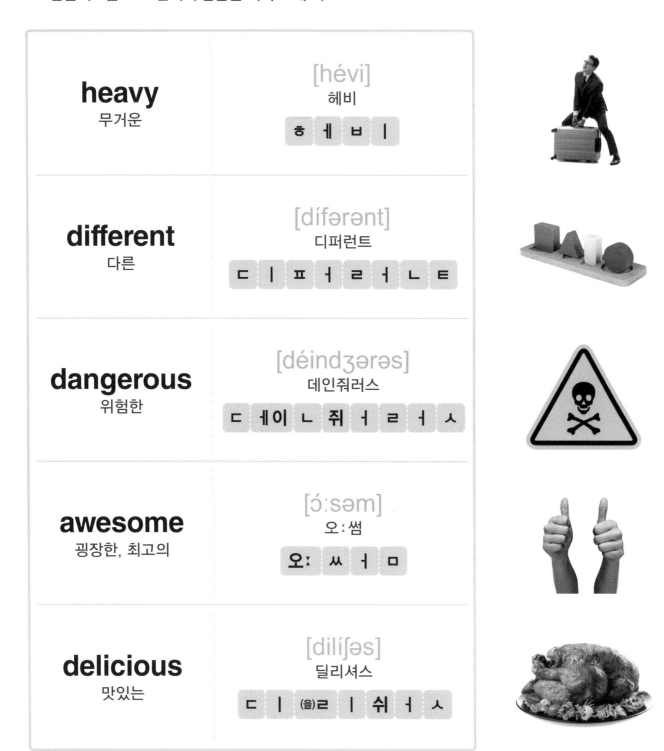

heavy 무거운	[hévi] 헤비 ㅎ ㅔ ㅂ ㅣ
different 다른	[dífərənt] 디퍼런트 ㄷ ㅣ ㅍ ㅓ ㄹ ㄹ ㅓ ㄴ ㅌ
dangerous 위험한	[déindʒərəs] 데인쭤러스 ㄷ ㅔ이 ㄴ 쮜 ㅓ ㄹ ㅓ ㅅ
awesome 굉장한, 최고의	[ɔ́ːsəm] 오ː썸 오ː ㅆ ㅓ ㅁ
delicious 맛있는	[dilíʃəs] 딜리셔스 ㄷ ㅣ (을)ㄹ ㅣ 쉬 ㅓ ㅅ

그것은 아주 ~합니다.

It's very [_____].
its   véri
일스   베리

1 It's very heavy. 그것은 아주 무겁습니다.
its véri   hévi

2 It's very different. 그것은 아주 다릅니다.
its véri   dífərənt

3 It's very dangerous. 그것은 아주 위험합니다.
its véri   déindʒərəs

4 It's very awesome. 그것은 아주 굉장합니다.
its véri   ɔ́ːsəm

5 It's very delicious. 그것은 아주 맛있습니다.
its véri   dilíʃəs

길고 어려운 단어도
발음기호로 쉽게
읽어 보세요.

PART 4

긴 단어 발음기호

▶ 발음기호를 보고 다음 단어를 읽어 보세요.

1	ambulance 구급차 [ǽmbjuləns]	8	acknowledge 인정하다 [æknálidʒ]
2	anniversary 기념일 [æ̀nəvə́ːrsəri]	9	admission 입장, 승인 [ædmíʃən]
3	aggressive 공격적인 [əgrésiv]	10	appointment 약속, (진료) 예약 [əpɔ́intmənt]
4	afternoon 오후, 낮 [æ̀ftərnúːn]	11	artificial 인공적인, 인조의 [àːrtəfíʃəl]
5	auditorium 강당 [ɔ̀ːditɔ́ːriəm]	12	atmosphere 대기, 분위기 [ǽtməsfìər]
6	architecture 건축학, 건축 양식 [áːrkitèktʃər]	13	advantage 이점, 유리한 점 [ædvǽntidʒ]
7	advertisement 광고 [æ̀dvərtáizmənt]	14	agriculture 농업 [ǽgrəkʌ̀ltʃər]

▶ 발음기호를 보고 다음 단어를 읽어 보세요.

1	**breakfast** 아침식사 [brékfəst]	8	**brilliant** 훌륭한, 멋진 [bríljənt]
2	**behavior** 행동, 행위 [bihéivjər]	9	**broadcast** 방송하다, 방송 [brɔ́ːdkæst]
3	**believe** 믿다, 생각하다 [bilíːv]	10	**budget** 예산안, 예산 [bʌ́dʒit]
4	**because** ~때문에 [bikɔ́ːz]	11	**behind** ~뒤에 [biháind]
5	**business** 사업, 경영 [bíznis]	12	**beside** ~곁에, ~옆에 [bisáid]
6	**bankruptcy** 파산, 부도 [bǽŋkrʌptsi]	13	**birthday** 생일 [bə́ːrθdèi]
7	**benefit** 이익, 혜택 [bénəfit]	14	**between** ~사이에 [bitwíːn]

▶ 발음기호를 보고 다음 단어를 읽어 보세요.

1	**calculator** 계산기 [kǽlkjulèitər]	8	**capture** 붙잡다, 획득하다 [kǽptʃər]
2	**calendar** 달력 [kǽləndər]	9	**convenient** 편리한 [kənvíːnjənt]
3	**candidate** 후보자, 출마자 [kǽndidət]	10	**celebrate** 기념하다, 축하하다 [séləbrèit]
4	**conversation** 대화 [kànvərséiʃən]	11	**chemistry** 화학 [kémistri]
5	**communication** 의사소통 [kəmjùːnəkéiʃən]	12	**circumstance** 상황, 환경 [sə́ːrkəmstæns]
6	**chocolate** 초콜릿 [tʃɔ́ːkələt]	13	**certificate** 자격증, 증명서 [sərtífikət]
7	**challenge** 도전, 도전하다 [tʃǽlindʒ]	14	**cathedral** 대성당 [kəθíːdrəl]

발음 092

▶ 발음기호를 보고 다음 단어를 읽어 보세요.

1	**daughter** 딸 [dɔ́ːtər]	8	**difficult** 어려운 [dífikʌ̀lt]
2	**deficiency** 부족, 결함 [difíʃənsi]	9	**dictionary** 사전 [díkʃənèri]
3	**decision** 결정, 판결 [disíʒən]	10	**dominate** 지배하다, 장악하다 [dámənèit]
4	**decorate** 장식하다, 꾸미다 [dékərèit]	11	**document** 문서, 서류 [dákjumənt]
5	**dedicate** 헌신하다 [dédikèit]	12	**disappear** 사라지다 [dìsəpíər]
6	**dynamic** 역동적인, 정력적인 [dainǽmik]	13	**disappointed** 실망한 [dìsəpɔ́intid]
7	**dialogue** 대화 [dáiəlɔ̀ːg]	14	**destiny** 운명, 숙명 [déstəni]

▶ 발음기호를 보고 다음 단어를 읽어 보세요.

1	**economy** 경제, 경기 [ikánəmi]	8	**experience** 경험, 체험 [ikspíəriəns]
2	**education** 교육 [èdʒukéiʃən]	9	**engine** 엔진 [éndʒin]
3	**effective** 효과적인 [iféktiv]	10	**environment** 환경, 상황 [inváiərənmənt]
4	**envelope** 봉투 [énvəlòup]	11	**enthusiastic** 열정적인, 열렬한 [inθùːziǽstik]
5	**emergency** 응급, 비상 [iméːrdʒənsi]	12	**establish** 설립하다 [istǽbliʃ]
6	**encourage** 격려하다, 장려하다 [inkə́ːridʒ]	13	**equipment** 장비, 설비 [ikwípmənt]
7	**example** 보기, 예 [igzǽmpl]	14	**excellent** 훌륭한, 뛰어난 [éksələnt]

150

▶ 발음기호를 보고 다음 단어를 읽어 보세요.

1	**factory** 공장 [fǽktəri]	8	**frequently** 자주, 빈번하게 [frí:kwəntli]
2	**finance** 재정, 금융 [fáinǽns]	9	**fragile** 깨지기 쉬운 [frǽdʒəl]
3	**favorite** 가장 좋아하는 [féivərit]	10	**function** 기능, 역할 [fʌ́ŋkʃən]
4	**fascinate** 매혹하다, 매료하다 [fǽsənèit]	11	**funeral** 장례식 [fjú:nərəl]
5	**foreigner** 외국인 [fɔ́:rənər]	12	**famous** 유명한 [féiməs]
6	**fortunate** 운이 좋은, 행운의 [fɔ́:rtʃənət]	13	**flexible** 유연한, 신축성 있는 [fléksəbl]
7	**foundation** 토대, 기반 [faundéiʃən]	14	**furniture** 가구 [fə́:rnitʃər]

▶ 발음기호를 보고 다음 단어를 읽어 보세요.

1	**generation** 세대, 시대 [dʒènəréiʃən]	8	**garage** 차고 [gərá:dʒ]	
2	**gasoline** 휘발유, 가솔린 [gǽsəlì:n]	9	**graduation** 졸업, 졸업식 [grædʒuéiʃən]	
3	**geography** 지리, 지리학 [dʒiágrəfi]	10	**guarantee** 보증하다, 보증 [gærəntí:]	
4	**gesture** 제스처, 몸짓 [dʒéstʃər]	11	**grocery** 식료품 [gróusəri]	
5	**giant** 거대한, 거인 [dʒáiənt]	12	**guardian** 보호자, 후견인 [gá:rdiən]	
6	**giraffe** 기린 [dʒərǽf]	13	**gymnasium** 체육관 [dʒimnéiziəm]	
7	**gorgeous** 멋진, 우아한 [gɔ́:rdʒəs]	14	**grateful** 감사하는, 고마운 [gréitfəl]	

▶ 발음기호를 보고 다음 단어를 읽어 보세요.

1	**holiday** 휴일, 명절 [hάlədèi]	8	**however** 하지만, 그러나 [hauévər]
2	**headquarters** 본부, 본사 [hédkwɔ̀ːrtərz]	9	**headache** 두통 [hédeik]
3	**honesty** 정직함, 솔직함 [άnisti]	10	**hostage** 인질 [hάstidʒ]
4	**harvest** 수확, 추수 [hάːrvist]	11	**hesitate** 망설이다, 주저하다 [hézətèit]
5	**habitat** 서식지 [hǽbitæt]	12	**hospitality** 환대, 대접 [hὰspətǽləti]
6	**husband** 남편 [hΛzbənd]	13	**helicopter** 헬리콥터 [hélikὰptər]
7	**heritage** (문화) 유산 [héritidʒ]	14	**handicap** 장애, 불리한 조건 [hǽndikæp]

▶ 발음기호를 보고 다음 단어를 읽어 보세요.

1	**imagine** 상상하다 [imǽdʒin]	8	**incredible** 엄청난, 놀라운 [inkrédəbl]
2	**illustration** 삽화, 일러스트 [ìləstréiʃən]	9	**independence** 독립 [ìndipéndəns]
3	**identify** 확인하다, 알아보다 [aidéntəfài]	10	**individual** 개인의, 개별의 [ìndəvídʒuəl]
4	**immigration** 이민, 이주 [ìməgréiʃən]	11	**international** 국제적인 [ìntərnǽʃənəl]
5	**important** 중요한 [impɔ́ːrtənt]	12	**industry** 산업 [índəstri]
6	**incentive** 장려책 [inséntiv]	13	**intelligent** 지적인, 똑똑한 [intélədʒənt]
7	**incident** 사건 [ínsədənt]	14	**influence** 영향, 요인 [ínfluəns]

▶ 발음기호를 보고 다음 단어를 읽어 보세요.

1	**journalist** 기자 [dʒə́ːrnəlist]	8	**jealous** 질투하는, 시샘하는 [dʒéləs]
2	**journey** 여행, 여정 [dʒə́ːrni]	9	**jellyfish** 해파리 [dʒélifiʃ]
3	**justice** 정의, 공정성 [dʒʌ́stis]	10	**judgment** 판단, 판결 [dʒʌ́dʒmənt]
4	**jaguar** 재규어 [dʒǽgwaːr]	11	**joyfully** 기쁘게, 즐겁게 [dʒɔ́ifəli]
5	**junior** 손아래의, 하급의 [dʒúːnjər]	12	**justify** 정당화하다 [dʒʌ́stəfài]
6	**January** 1월 [dʒǽnjuèri]	13	**jewelry** 보석, 장신구 [dʒúːəlri]
7	**Japanese** 일본인, 일본어 [dʒæpəníːz]	14	**judicious** 현명한, 신중한 [dʒuːdíʃəs]

▶ 발음기호를 보고 다음 단어를 읽어 보세요.

1	**koala** 코알라 [kouá:lə]	8 **Korean** 한국인, 한국어 [kərí:ən]
2	**kitchenware** 주방용품 [kítʃənwɛər]	9 **kindergarten** 유치원 [kíndərgà:rtn]
3	**kiosk** 간이 매점, 키오스크 [ki:ásk]	10 **kidney** 신장, 콩팥 [kídni]
4	**knowledge** 지식 [nálidʒ]	11 **kidnapper** 유괴범, 납치범 [kídnæpər]
5	**kingdom** 왕국, 왕조 [kíŋdəm]	12 **keyboard** 자판, 키보드 [kíbɔ:rd]
6	**Kuwait** 쿠웨이트 [kuwéit]	13 **kilometer** 킬로미터 [kilámətər]
7	**kindness** 친절, 호의 [káindnis]	14 **kangaroo** 캥거루 [kæŋgərú:]

▶ 발음기호를 보고 다음 단어를 읽어 보세요.

1	leather 가죽 [léðər]	8	legitimate 합법적인, 정당한 [lidʒítəmət]
2	landscape 경관, 풍경 [lǽndskeip]	9	library 도서관 [láibrèri]
3	language 언어, 말 [lǽŋgwidʒ]	10	license 면허증, 허가증 [láisəns]
4	literature 문학 [lítərətʃər]	11	latitude 위도 [lǽtətùːd]
5	lecture 강의 [léktʃər]	12	likewise 마찬가지로, 역시 [láikwàiz]
6	luxurious 호화로운, 고급의 [lʌgʒúəriəs]	13	location 위치, 장소 [loukéiʃən]
7	laboratory 연구실, 실험실 [lǽbərətɔ̀ːri]	14	logical 논리적인, 타당한 [ládʒikəl]

▶ 발음기호를 보고 다음 단어를 읽어 보세요.

1	**magazine** 잡지 [mǽɡəzíːn]	8	**mathematics** 수학 [mæ̀θəmǽtiks]
2	**magnificent** 훌륭한, 멋진 [mæɡnífəsənt]	9	**meanwhile** 그동안에, 한편 [míːnwàil]
3	**maintain** 유지하다, 계속하다 [meintéin]	10	**moisture** 수분, 습기 [mɔ́istʃər]
4	**military** 군대, 군의 [mílitèri]	11	**moderate** 온건한, 적당한 [mádərət]
5	**manufacture** 제조, 생산 [mænjufǽktʃər]	12	**medication** 약, 약물 [mèdikéiʃən]
6	**microwave** 전자레인지 [máikrəwèiv]	13	**maximum** 최대량, 최대한의 [mǽksəməm]
7	**material** 재료, 자료 [mətíəriəl]	14	**mountain** 산 [máuntən]

▶ 발음기호를 보고 다음 단어를 읽어 보세요.

1	**newspaper** 신문 [núzpeipər]	8	**nationality** 국적, 민족 [nǽʃənǽləti]
2	**necessary** 필요한, 필수적인 [nésəsèri]	9	**nomination** 지명, 후보에 오름 [nàmənéiʃən]
3	**negative** 부정적인, 비관적인 [négətiv]	10	**nonetheless** 그럼에도, 하지만 [nʌnðəlés]
4	**negligent** 무관심한, 게을리하는 [néglidʒənt]	11	**navigation** 항법, 항해 [nǽvəgéiʃən]
5	**neighborhood** 동네, 이웃 [néibərhùd]	12	**nightmare** 악몽 [náitmɛər]
6	**novelist** 소설가 [návəlist]	13	**neutrality** 중립 [nuːtrǽləti]
7	**nowadays** 요즘, 오늘날에는 [náuədèiz]	14	**nuclear** 원자력의, 핵무기의 [núːkliər]

▶ 발음기호를 보고 다음 단어를 읽어 보세요.

1	**objective** 목표, 객관적인 [əbdʒéktiv]	8	**observation** 관찰, 관측 [àbzərvéiʃən]
2	**operation** 수술 [àpəréiʃən]	9	**organize** 조직하다 [ɔ́ːrgənàiz]
3	**obviously** 분명히, 명백하게 [ábviəsli]	10	**optimist** 낙관주의자 [áptəmist]
4	**occasionally** 가끔, 때때로 [əkéiʒənəli]	11	**officially** 공식적으로 [əfíʃəli]
5	**occupation** 직업 [àkjupéiʃən]	12	**outstanding** 현저한, 뛰어난 [autstǽndiŋ]
6	**orchestra** 오케스트라, 관현악단 [ɔ́ːrkəstrə]	13	**ordinarily** 보통, 대개 [ɔ̀ːrdənɛ́ərəli]
7	**opportunity** 기회 [àpərtúːnəti]	14	**opinion** 의견, 여론 [əpínjən]

▶ 발음기호를 보고 다음 단어를 읽어 보세요.

1	**problem** 문제 [prábləm]	8	**philosophy** 철학 [filásəfi]
2	**paragraph** 단락, 문단 [pǽrəgræf]	9	**passenger** 승객 [pǽsəndʒər]
3	**parliament** 국회, 의회 [pάːrləmənt]	10	**personality** 성격 [pə̀ːrsənǽləti]
4	**participate** 참여하다 [pɑːrtísəpèit]	11	**privilege** 특권 [prívəlidʒ]
5	**particular** 특정한, 특별한 [pərtíkjulər]	12	**phenomenon** 현상, 장관 [finámənàn]
6	**prejudice** 편견, 선입견 [prédʒudis]	13	**population** 인구 [pὰpjuléiʃən]
7	**patient** 환자 [péiʃənt]	14	**positive** 긍정적인 [pázətiv]

▶ 발음기호를 보고 다음 단어를 읽어 보세요.

1	question 질문 [kwéstʃən]	8	quarrel 말다툼하다 [kwɔ́ːrəl]
2	quality 품질, 자질 [kwɑ́ləti]	9	qualified 자격이 있는 [kwɑ́ləfàid]
3	quantity 양, 수량 [kwɑ́ntəti]	10	quilt 퀼트, 누비이불 [kwilt]
4	quarter 4분의 1, 15분 [kwɔ́ːrtər]	11	qualification 자격, 자질 [kwɑ̀ləfikéiʃən]
5	quail 메추라기 [kweil]	12	questionnaire 설문지 [kwèstʃənɛ́ər]
6	quietly 조용히 [kwáiətli]	13	quotation 인용구 [kwoutéiʃən]
7	queue 줄, 줄을 서서 기다리다 [kjuː]	14	quickly 빨리, 신속히 [kwíkli]

▶ 발음기호를 보고 다음 단어를 읽어 보세요.

1	restaurant 식당 [réstərənt]	8	registration 등록 [rèdʒistréiʃən]
2	realize 깨닫다, 인식하다 [ríːəlàiz]	9	regularly 정기적으로 [régjulərli]
3	ridiculous 터무니없는 [ridíkjuləs]	10	refrigerator 냉장고 [rifrídʒərèitər]
4	recognize 인정하다 [rékəgnàiz]	11	relationship 관계 [riléiʃənʃip]
5	recommend 추천하다 [rèkəménd]	12	revolution 혁명 [rèvəlúːʃən]
6	recycling 재활용 [riːsáikliŋ]	13	responsibility 책임, 의무 [rispànsəbíləti]
7	religion 종교 [rilídʒən]	14	rectangle 직사각형 [réktæŋgl]

발음 107

▶ 발음기호를 보고 다음 단어를 읽어 보세요.

1	**science** 과학 [sáiəns]	8	**significant** 중요한, 상당한 [signífikənt]
2	**sentence** 문장 [séntəns]	9	**simulation** 모의실험, 시뮬레이션 [sìmjuléiʃən]
3	**satisfaction** 만족, 충족 [sætisfækʃən]	10	**sculpture** 조각 [skʌlptʃər]
4	**sacrifice** 희생, 제물 [sækrəfàis]	11	**sophisticated** 정교한, 세련된 [səfístəkèitid]
5	**situation** 상황, 사태 [sìtʃuéiʃən]	12	**separate** 분리하다 [sépərèit]
6	**supermarket** 슈퍼마켓 [súpərmà:rkit]	13	**satellite** 인공위성 [sætəlàit]
7	**shoulder** 어깨 [ʃóuldər]	14	**sufficient** 충분한 [səfíʃənt]

▶ 발음기호를 보고 다음 단어를 읽어 보세요.

1	**temperature** 온도, 기온 [témpərətʃər]	8	**tradition** 전통 [trədíʃən]
2	**temporary** 일시적인 [témpərèri]	9	**transaction** 거래, 계약 [trænzǽkʃən]
3	**telescope** 망원경 [téləskòup]	10	**terminate** 끝내다, 종결하다 [tə́ːrmənèit]
4	**territory** 영토, 세력권 [térətɔ̀ːri]	11	**transfer** 옮기다, 갈아타다 [trænsfə́ːr]
5	**therefore** 그러므로, 따라서 [ðɛ́ərfɔ̀ːr]	12	**trouble** 문제, 곤란 [trʌ́bl]
6	**thousand** 천, 1000 [θáuzənd]	13	**triumph** 승리, 대성공 [tráiəmf]
7	**tomorrow** 내일 [təmɔ́ːrou]	14	**typical** 전형적인, 일반적인 [típikəl]

▶ 발음기호를 보고 다음 단어를 읽어 보세요.

1	umbrella 우산 [ʌmbrélə]	8	understand 이해하다 [ʌ̀ndərstǽnd]
2	university 대학교 [jùːnəvə́ːrsəti]	9	universe 우주 [júːnəvə̀ːrs]
3	undergo 겪다, 경험하다 [əndərgóu]	10	underwear 속옷 [ʌ́ndərwɛər]
4	usually 보통, 대개 [júːʒuəli]	11	uniform 제복, 유니폼 [júːnəfɔ̀ːrm]
5	unfortunately 불행히도 [ənfɔ́ːrtʃənətli]	12	utilize 활용하다, 이용하다 [júːtəlàiz]
6	underway 진행 중인 [əndərwéi]	13	upstairs 위층, 위층으로 [ʌ̀pstɛ́ərz]
7	ultimate 궁극적인 [ʌ́ltəmət]	14	unique 독특한, 유일한 [juːníːk]

발음 110

▶ 발음기호를 보고 다음 단어를 읽어 보세요.

1	**vacation** 휴가, 방학 [veikéiʃən]	8	**volunteer** 봉사하다, 자원하다 [vàləntíər]
2	**Vietnam** 베트남 [vìːetnɑ́ːm]	9	**voyage** 항해, 여행 [vɔ́iidʒ]
3	**various** 다양한, 여러 가지의 [vέəriəs]	10	**vaccine** 백신 [væksíːn]
4	**vegetable** 채소 [védʒətəbl]	11	**victory** 승리, 우승 [víktəri]
5	**vehicle** 차량, 자동차 [víːikl]	12	**vigorous** 격렬한, 활기찬 [vígərəs]
6	**vocabulary** 어휘, 단어 [voukǽbjulèri]	13	**volcano** 화산 [vɑlkéinou]
7	**vertical** 수직의, 수직적인 [və́ːrtikəl]	14	**violent** 폭력적인, 난폭한 [váiələnt]

▶ 발음기호를 보고 다음 단어를 읽어 보세요.

1	**warehouse** 창고 [wέərhaus]	8	**watermelon** 수박 [wɔ́ːtərmèlən]
2	**wheelchair** 휠체어 [wíltʃɛər]	9	**Wednesday** 수요일 [wénzdei]
3	**warrior** 병사, 전사 [wɔ́ːriər]	10	**without** ~없이 [wiðáut]
4	**widespread** 널리 퍼진 [wáidspred]	11	**worship** 예배, 예배를 드리다 [wə́ːrʃip]
5	**weekend** 주말 [wíkend]	12	**worrisome** 걱정되는, 성가신 [wə́ːrisəm]
6	**warranty** 보증, 담보 [wɔ́ːrənti]	13	**window** 창문 [wíndou]
7	**whisper** 속삭이다, 속삭임 [wíspər]	14	**worldwide** 세계적인 [wə́ːrldwàid]

▶ 발음기호를 보고 다음 단어를 읽어 보세요.

1	**xylophone** 실로폰 [záiləfòun]		8	**yesterday** 어제 [jéstərdèi]
2	**xenophobia** 외국인 혐오증 [zìnəfóubiə]		9	**yourself** 당신 자신 [juərsélf]
3	**yoga** 요가 [jóugə]		10	**zigzag** 지그재그, 갈지자 형 [zígzæg]
4	**yearly** 매년, 연간 [jíərli]		11	**zebra** 얼룩말 [zíːbrə]
5	**yogurt** 요구르트 [jóugərt]		12	**zipper** 지퍼 [zípər]
6	**yellow** 노란색, 노란 [jélou]		13	**zookeeper** 동물원 사육사 [zúːkìːpər]
7	**youthful** 젊은, 어린 [júːθfəl]		14	**zucchini** (서양) 애호박 [zuːkíːni]

확인하기 정답

01 22쪽

A
1 [p] ㅍ
2 [t] ㅌ
3 [b] ㅂ
4 [d] ㄷ

B
1 book [buk]
2 dot [dɑt]
3 tea [tiː]
4 cup [kʌp]

C
1 ball [bɔːl]
2 top [tɑp]
3 desk [desk]

D
1 텐 ⓑ [ten]
2 핀 ⓐ [pin]
3 헬 ⓑ [hed]
4 텁 ⓑ [tʌb]

E
1 dog ⓑ [dɔːg]
2 bed ⓐ [bed]
3 test ⓐ [test]
4 rope ⓑ [roup]

02 28쪽

A
1 [f] ㅍ
2 [k] ㅋ
3 [v] ㅂ
4 [g] ㄱ

B
1 kid [kid]
2 beef [biːf]
3 voice [vɔis]
4 egg [eg]

C
1 phone [foun]
2 gift [gift]
3 coat [kout]

D
1 핀 ⓐ [fin]
2 킥 ⓐ [kik]
3 벹 ⓑ [vet]
4 고웉 ⓑ [gout]

E
1 bag ⓐ [bæg]
2 food ⓑ [fuːd]
3 give ⓑ [giv]
4 kite ⓐ [kait]

03
34쪽

A
1 [s] ㅅ·ㅆ
2 [z] ㅈ
3 [θ] ㄸ
4 [ð] ㄷ

B
1 thin [θin]
2 nose [nouz]
3 sick [sik]
4 that [ðæt]

C
1 busy [bízi]
2 face [feis]
3 thick [θik]

D
1 떰 ⓑ [θʌm]
2 구ː스 ⓐ [guːs]
3 주ː ⓐ [zuː]
4 스무ː드 ⓑ [smuːð]

E
1 sale ⓑ [seil]
2 zone ⓐ [zoun]
3 they ⓐ [ðei]
4 three ⓑ [θriː]

04
40쪽

A
1 [m] ㅁ
2 [r] ㄹ
3 [n] ㄴ
4 [l] (을)ㄹ

B
1 read [riːd]
2 mine [main]
3 son [sʌn]
4 look [luk]

C
1 write [rait]
2 map [mæp]
3 knock [nɑk]

D
1 코운 ⓐ [koun]
2 모ː올 ⓑ [mɔːl]
3 메일 ⓐ [meil]
4 로우즈 ⓑ [rouz]

E
1 room ⓐ [ruːm]
2 leaf ⓐ [liːf]
3 nine ⓑ [nain]
4 rug ⓑ [rʌg]

확인하기 정답

05

A
1 [ʒ] 쥐
2 [tʃ] 취
3 [dʒ] 쥐
4 [ʃ] 쉬

B
1 sheep [ʃiːp]
2 child [tʃaild]
3 leisure [líːʒər]
4 page [peidʒ]

C
1 cage [keidʒ]
2 shop [ʃap]
3 cheek [tʃiːk]

D
1 비줜 ⓑ [víʒən]
2 취ː즈 ⓐ [tʃiːz]
3 쉘 ⓑ [ʃel]
4 죠ː ⓑ [dʒɔː]

E
1 touch ⓑ [tʌtʃ]
2 jet ⓐ [dʒet]
3 luge ⓐ [luːʒ]
4 show ⓑ [ʃou]

06

A
1 [w] 우
2 [ŋ] ㅇ
3 [j] 이
4 [h] ㅎ

B
1 hill [hil]
2 youth [juːθ]
3 hang [hæŋ]
4 wet [wet]

C
1 watch [watʃ]
2 sink [siŋk]
3 house [haus]

D
1 헉 ⓐ [hʌg]
2 쏘ː옹 ⓑ [sɔːŋ]
3 윅 ⓐ [wig]
4 얕 ⓑ [jat]

E
1 long ⓑ [lɔːŋ]
2 who ⓐ [huː]
3 way ⓐ [wei]
4 yes ⓑ [jes]

A
1　[u:]　우:
2　[i:]　이:
3　[u]　우
4　[i]　이

B
1　ill　[il]
2　glue　[glu:]
3　pull　[pul]
4　meal　[mi:l]

C
1　field　[fi:ld]
2　ink　[iŋk]
3　foot　[fut]

D
1　블루:　ⓐ [blu:]
2　(을)릳　ⓐ [lid]
3　미:트　ⓑ [mi:t]
4　푸쉬　ⓐ [puʃ]

E
1　wish　ⓑ [wiʃ]
2　root　ⓐ [ru:t]
3　good　ⓑ [gud]
4　beach　ⓐ [bi:tʃ]

A
1　[ʌ]　어
2　[e]　에
3　[æ]　애
4　[ɑ]　아

B
1　fat　[fæt]
2　tell　[tel]
3　clock　[klɑk]
4　duck　[dʌk]

C
1　sock　[sɑk]
2　bug　[bʌg]
3　clap　[klæp]

D
1　버스　ⓐ [bʌs]
2　웹　ⓑ [web]
3　캪　ⓑ [kæt]
4　팥　ⓐ [pɑt]

E
1　mom　ⓐ [mɑm]
2　belt　ⓐ [belt]
3　catch　ⓑ [kætʃ]
4　up　ⓑ [ʌp]

확인하기 정답

74쪽

09

A
1 [ei] 에이
2 [ɔː] 오ː
3 [ai] 아이
4 [ə] 어

B
1 novel [nɑ́vəl]
2 wife [waif]
3 lake [leik]
4 cough [kɔːf]

C
1 sofa [sóufə]
2 train [trein]
3 draw [drɔː]

D
1 바읻 ⓑ [bait]
2 (을)로ː ⓑ [lɔː]
3 쎄이 ⓐ [sei]
4 캐럳 ⓐ [kǽrət]

E
1 alone ⓑ [əlóun]
2 safe ⓑ [seif]
3 ride ⓐ [raid]
4 pause ⓑ [pɔːz]

80쪽

10

A
1 [ou] 오우
2 [ɔi] 오이
3 [au] 아우

B
1 coin [kɔin]
2 round [raund]
3 soap [soup]
4 boil [bɔil]

C
1 toy [tɔi]
2 mouth [mauθ]
3 know [nou]

D
1 쏘이 ⓑ [sɔi]
2 고우 ⓐ [gou]
3 타운 ⓐ [taun]
4 보울 ⓑ [boul]

E
1 oil ⓐ [ɔil]
2 brown ⓑ [braun]
3 old ⓑ [ould]
4 cow ⓐ [kau]

A
1 [ɔːr] 오ː얼
2 [əːr] 어ː얼
3 [ər] 얼
4 [ɑːr] 아ː알

B
1 river [ríːvər]
2 star [stɑːr]
3 pork [pɔːrk]
4 word [wəːrd]

C
1 skirt [skəːrt]
2 tiger [táigər]
3 bored [bɔːrd]

D
1 스토ː얼 ⓐ [stɔːr]
2 닥털 ⓑ [dάktər]
3 아ː알트 ⓑ [ɑːrt]
4 어ː얼뜨 ⓐ [əːrθ]

E
1 car ⓑ [kɑːr]
2 four ⓐ [fɔːr]
3 nurse ⓐ [nəːrs]
4 butter ⓑ [bʌ́tər]

A
1 [uər] 우얼
2 [aiər] 아이얼
3 [iər] 이얼
4 [ɛər] 에얼

B
1 hour [auər]
2 hair [hɛər]
3 beard [biərd]
4 cure [kjuər]

C
1 tear [tiər]
2 chair [tʃɛər]
3 poor [puər]

D
1 베얼 ⓐ [bɛər]
2 퓨얼 ⓑ [pjuər]
3 디얼 ⓐ [diər]
4 하이얼 ⓑ [haiər]

E
1 tour ⓑ [tuər]
2 scare ⓐ [skɛər]
3 flour ⓐ [flauər]
4 beer ⓐ [biər]

영상 강의 이용 방법 (스마트폰)

1 각 파트의 첫 페이지 좌측 하단에 있는 QR코드를 스마트폰으로 찍으세요.

2 강의가 재생됩니다.

MP3 음원 이용 방법(스마트폰 및 컴퓨터)

스마트폰

1 각 단원의 우측 상단에 있는 QR코드를 스마트폰으로 찍으세요.

2 재생 버튼(▶)을 누르시면 음원이 재생됩니다.

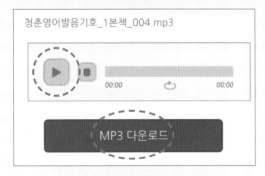

3 음원 파일을 스마트폰에 다운로드 받고 싶으시면 MP3 다운로드 버튼을 누르세요.

컴퓨터

1 다락원 홈페이지(www.darakwon.co.kr)에 들어 가셔서 회원 가입과 로그인을 하신 후, 화면 상단 의 검색창에 '청춘 영어: 발음기호'를 입력하세요. 검색 결과 중에서 [도서]를 선택하세요..

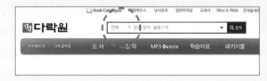

2 오른쪽 일반 자료에서 MP3를 클릭하시고 파일을 다운로드 받으시면 됩니다.

3 다운로드한 파일을 재생하세요.